KB140062

蠟染

_납 _염

COMPLETE COLLECTION OF GUIZHOU'S FOLK AND TRADITIONAL FINE ARTS

BATIK

중국귀주민족민간미술전집

납염蠟染

초판인쇄 2016년 5월 12일
초판발행 2016년 5월 12일

엮은이 류옹·류첩
옮긴이 임화영
펴낸이 채종준
기 획 박능원
편 집 이정수
디자인 조은아
마케팅 황영주

펴낸곳 한국학술정보(주)
주소 경기도 파주시 회동길 230 (문발동)
전화 031 908 3181(대표)
팩스 031 908 3189
홈페이지 http://ebook.kstudy.com
E-mail 출판사업부 publish@kstudy.com
등록 제일산-115호 2000. 6. 19

ISBN 978-89-268-7160-7 94910
      978-89-268-7074-7 (전 6권)

蠟染

납 염

중국귀주민족민간미술전집

류옹劉雍 · 류첩劉捷 엮음

임화영 옮김

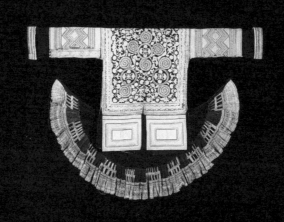

머리말

중국은 공예미술이 매우 발달한 나라이다. 그중에서도 중국 민간공예미술이 특히 발달한 곳은 귀주(貴州)라고 할 수 있다. 이 점에 대해서는 모두 의견일치를 보고 있다.

중국 공예미술은 반드시 계승되고 보존되어야 하지만, 역사적으로 매우 힘들게 생겨나고 유지조차도 어려웠다. 태생부터 운명이 평탄치 않았으나, 사회의 낙후로 인해 오히려 공예미술이 더욱 발전할 수 있는 계기가 마련되었다.

낙후란 경제적으로는 빈곤한 것을 말하고, 지리적으로는 오지를 나타낸다. 그리고 사회적으로는 상대에게 냉대나 핍박당하는 것을 말한다. 민간공예장인은 이 점에 대해서 결코 좋은 것은 아니라고 말하지만, 우리는 인정할 수밖에 없다. 낙후로 인해 민간공예미술이 자연적으로 생겨날 수 있는 환경이 조성되었기 때문이다.

중국에서 봉건사회는 계속해서 성장했을 뿐만 아니라 상당한 발전을 이룩하였다. 하지만 이러한 사회의 가장 불합리한 점은 좋고 훌륭한 것(예술을 포함한)은 항상 소수의 실권자가 우선으로 누린다는 것이다. 일반 대중이 이런 봉건사회의 불공정한 점을 개선하려고 한다면, 자신이 좋다고 생각되는 것을 직접 만들어서 스스로 누리는 방법밖에 없었다. 민간예술은 바로 이러한 봉건제도에 대한 반항심에서 생겨난 것이다. 일반대중은 훌륭한 예술품을 직접 만들어서 하층민들끼리 서로 전하여 민간공예미술을 확산시켰다. 황제는 황제의 것이 있듯이, 일반대중은 그들만의 것을 새롭게 창조한 것이다. 이것은 평민의 예술적 권리를 쟁취하기 위한 사회적 구현이라고 할 수 있다.

여러 세대를 지나는 동안 사람들은 훌륭한 조형(造型), 문양(紋樣), 색채구성을 최종적으로 만들어 냈다. 대대로 전해지는 것 중에서 고정된 패턴과는 다른 자수, 도화(挑花, 십자수), 도예, 목조, 칠기, 전지(剪紙)는 실제로 매우 진귀한 공예유산이라고 할 수 있다. 돌이켜 생각해 보면, 민간공예는 돌연 어느 한 시대에 이르러 중단되고 유실되었다. 바로 봉건사회가 종식되었을 때이다. 이 얼마나 애석하고 비통한 일인가! 정보의 보급과 교통의 발달은 다른 지역 사람들에게도 예술을 함께 누릴 기회와 권리를 제공하였지만, 지역주민이 즐길 만한 것은 존재하지 않았다. 이러한 상황은 환영할 일이지만, 동시에 우려할 만한 일이라고 할 수도 있다. 왜냐하면, 민간예술의 생태환경이 변해버려서, 사람들에게 홀대를 당하기 쉽기 때문이다. 일반적으로 사람들은 더 좋은 생활용품이 생기면, 예전 민간공예품은 홀대하게 된다. 하지만 나중에 그것의 소중함을 알아차리게 된다 해도 그때는 이미 사라지고 없을 것이다. 우리는 이러한 문제를 제대로 인식하여 현재 남아있는 민간공예를 잘 보존하고 계승해야 마땅하다.

귀주인민출판사가 바로 이러한 민간공예의 보존과 계승을 위해 앞장서고 있다.

귀주의 생태환경은 앞서 말한 민간공예미술의 생태환경과 흡사하여 다른 지역에 비해 상대적으로 민간공예가 잘 보존되어 있다. 수많은 선진 문명은 더욱 선진화된 문명에 의해 배척당하고 대체되어 결국에는 쇠락의 길로 접어들게 된다. 이러한 문화현상은 지도상에 나타나는 변두리 지역과 낙후된 지역으로 점차 이전해 가고 있다. 상·주대(商·周代)의 청동공예는 한때 인류문명의 찬란한 문화유산으로 자리 잡은 적이 있었다. 하지만 사회가 발전하게 되자, 당시 주류를 이루었던 이 공예미술은 점차 사라지게 되었다. 역사적으로 이와 유사한 수많은 공예미술이 있었지만, 모두 한때 잠시 유행하고는 사라지고 말았다. 하지만 이러한 현상을 달리 생각해 보면 장점으로도 볼 수 있다. 어떤 문명은 흥성했던 지역에서 외곽 지역으로 옮겨 가면서, 문명의 재생과 부흥의 기회를 얻게 되었다. 앞서 말한 상·주의 청동공예도 중원(中原) 지역에서 쇠퇴한 후에, 운남(雲南) 지역으로 옮겨가서 새로운 바람을 불러일으켰다. 이것으로 인해 청동공예는 운남문화의 중요한 성과 중 하나가 되기도 하였다. 현재 중국의 변두리 지역에는 수많은 고대문명의 유산이 잘 보존되고 있다. 주류 공예 문화가 민간공예 문화로 변하는 것은 결코 나쁜 것이 아니다. 단지 지리적 위치를 바꾸고 변화시켜 계속해서 계승하고 보존하기 위함이다. 민간공예를 연구하는 학자들은 이 모든 것들을 소홀히 해서는 안 될 것이다.

귀주에는 상당히 많은 중국 고대문명이 보존되어 있다. 원시 건축공예, 한대(漢代)의 도기제조공예, 당대(唐代)의 납힐(蠟纈)공예, 송대(宋代)의 조각공예, 청대(淸代)의 복식(服飾)공예 등이 있다. 또한 희곡(戱曲, 중국 전통극)의 활화석(活化石)이라고 불리는 가면공예도 귀주에 여전히 남아있다. 하지만 왜 이런 공예미술의 발원지는 현재 모두 종적을 찾아보기가 어려운 것인가? 이런 점에서 볼 때, 귀주에 중국 공예미술의 천연 생태환경이 잘 보존되어 있다는 것은 자랑할 만한 일이며 이제는 우리가 선택해야 할 때이다. 이런 전통이나 민간공예가 정말 우리에게 필요한 것인가? 만약 필요하다면 우리는 마땅히 이것을 보존해야 하고, 필요가 없다면 사라지든 말든 그냥 내버려 두면 된다. 이 질문에 대해 식견과 책임감이 있는 사람이라면 당연히 보존해야 한다고 답할 것이다.

보존의 첫 단계는 바로 민간공예의 미(美)를 널리 알려 모두의 관심을 불러일으키는 것이다. 귀주인민출판사는 먼저 이 일에 착수하였다. 이것은 대형 예술 프로젝트이므로 진행하는 사람의 책임감, 안목, 경험이 있어야만 실현 가능한 일이다. 설령 재정적으로 지원이 된다 해도 식견과 열정 없이는 불가능한 일이 될 것이다.

귀주는 산지가 많고 민족구성이 비교적 복잡한 지역이다. 그러한 이유로 이곳에서 중국 민간공예의 보존과 연구가 활발하게 진행되고 있다. 또한, 귀주는 항상 선봉의 역할을 하는 도시이기 때문에 앞장서서 민간공예를 보존하고 계승해 왔다. 귀주가 민간공예의 보존을 추진하지 않으면 역사적으로는 양심의 가책을 받을 것이고, 민족적으로는 부담감을 느끼게 될 것이다. 하지만 앞으로도 지속적으로 민간공예의 보존을 추진한다면 중국문화 영령(英靈)으로부터 무한한 격찬을 받을 것이다. 우리는 먼저 이런 마음을 표현하여야 한다.

2천여 점에 이르는 작품 사진을 직접 보게 되면, 우리는 막중한 책임감과 위안을 동시에 느끼게 될 것이다. 결국에는 누군가가 선봉에 서서 사명감으로 이 일을 시작해야 한다. 그렇게 되면, 다른 지역 사람들도 정교하고 아름다운 공예품을 감상할 수 있을 것이다. 민간공예품은 대부분 잘 알려지지 않은 노동자나 정규교육을 받지 못한 민간장인의 손에서 만들어졌다. 하지만 그 어떤 미의 법칙과 척도로도 흠잡을 수 없을 정도로 우리에게 감동을 주는 작품들이 많다. 이번 『중국귀주민족민간미술전집』 출간을 축하하며, 아울러 이 책의 출판에 참여해 준 국내외 학자와 성원을 보내준 분들께 감사의 마음을 전하고 싶다.

그동안 귀주에서는 이번에 출판한 전집뿐만 아니라, 소소하게 민간공예와 관련된 서적을 적잖게 출판했다. 하지만 우리는 여기서 만족할 수 없다. 중국에 있는 모든 성(省)과 자치구에서 단체를 조직하여 대대적으로 자료를 수집하고 정리한 후, 민간공예 관련 서적을 전집으로 출판할 수 있는 날이 오기를 고대한다. 그런 날이 오게 되면, 중국은 사라져 가는 민간공예미술품을 다시 접할 수 있을 것이다. 서적의 힘을 빌려 곳곳에 민간공예를 전파하게 되면, 이것을 즐기고 아끼는 사람들이 갑절로 늘어나게 될 것이다. 이것은 민간공예에 대한 정책적 지지와 사회참여, 보호활동을 위한 최소한의 첫걸음이라 할 수 있다.

우리는 귀주가 민간공예미술을 전파하면서 아울러 귀주 전체 문화도 함께 전파하여, 이것이 이 지역의 핵심 이미지가 되기를 바란다. 이를 위해 보호라는 원칙과 전제하에 귀주에 있는 소수의 민간공예미술을 관광산업에 포함해서, 제한적으로 방출하고 구현하여 사회와 시대에 공헌하게 할 것을 제안한다. 이것은 또한 민간공예미술의 생존과 발전에 이바지할 수도 있다. 이번 전집을 출판하면서 성대한 출판기념회와 연구토론회뿐만 아니라 순회전도 개최할 것이다. 베이징, 상하이, 홍콩, 뉴욕 등지에서 전시회를 개최하여 전 세계 사람들 모두가 이 책의 매력에 흠뻑 빠져들게 될 것이다.

귀주 문화부는 유네스코에 귀주의 민간예술품이 인류문화유산으로 등재될 수 있도록 준비작업에 착수해야 한다. 이것과 더불어 귀주의 유명한 자연경관도 인류자연유산에 등재되도록 함께 준비를 진행해야 한다. 이와 관련된 예술학교와 연구기관은 귀주와 함께 민간공예미술이 발달한 지역에 연구소를 설립한 후, 프로젝트에 따라 책임자를 선별해서 연구를 활성화시켜야 한다.

앞으로 우리는 귀주 민간공예미술 발전을 위해 많은 관심을 가져야 할 것을 표명하며, 이것으로 서문을 마친다.

장정(張仃) · 추문(鄒文)

귀주(貴州) 민간전통 납염(蠟染) 탐구

1. 서언

『중국귀주민족민간미술전집 · 납염』은 중국 귀주 민간전통 납염예술 중에서도 가장 우수한 공예품을 수집한 후, 다시 이것을 정리하고 분류하여 납염예술의 정수만을 소개한 책이다. 귀주 민간전통 납염은 귀주에 있는 소수민족 여성들이 자신이 사용하기 위해 직접 도안하고 염색한 납염제품을 말한다. 이것은 예술적 차원에서 납염공장이나 수공업 공장에서 시장 지향적으로 생산하는 납염예술품과는 확연히 다르다. 또한, 현대 예술가가 감상용으로 제작하는 납염예술품의 일종인 '납염화(蠟染畵)'와도 차원이 다른 것이다. 귀주 민간전통 납염의 또 다른 중요한 가치는 마치 살아있는 화석과 같이 중국전통 납염공예에 대한 원시 형태를 모두 보존하고 있다는 것이다. 오래된 귀주 민간전통 납염의 도안과 부호를 통해 옛 시대의 문화 상황을 파악할 수 있을 뿐만 아니라, 비교적 근래에 제작된 것은 현대 염색 예술 발전에 큰 영향을 끼치기도 한다. 이 책에서는 지역분포 · 예술양식 · 시기에 따라 귀주 민간전통 납염을 분류하였고, 각각의 제작방법과 용도 및 관련된 역사 · 종교 · 민속 · 전설도 함께 소개하고 있다. 이외에 납염과 기타 귀주 전통 민간예술[동고(銅鼓), 자수, 도화 등]과의 상관관계에 대해서도 연구하였다.

2. 납염(蠟染)의 역사

납염의 옛 이름은 납힐(蠟纈)이다. 교힐(絞纈), 협힐(夾纈)과 더불어 중국 고대 3힐(纈)로 꼽히고 있다. 힐(纈)은 중국고대 방염인화(防染印花) 공예 및 방염인화 직물을 통틀어 이르는 말로, 염힐(染纈)이라고도 부른다. 『설문(說文)』에서는 힐을 "맨(結) 것"이라고 하였고, 『유편(類篇)』에서는 "묶은(繫) 것으로, 묶은 것을 물들여서 글로 사용한다"라고 하였다. 그리고 『중국대백과전서(中國大百科全書)』에서는 "예전에는 힐을 누공판인화(鏤空版印花) 혹은 방염인화 부류의 직물이라 했고, 협힐(일종의 누공판인화) · 납힐(납염) · 교힐(찰염(扎染)]의 세 가지 유형으로 나뉜다"라고 하였다.

1만8천 년 전인 구석기시대에는 중국의 산정동인(山頂洞人)

이 처음으로 천연광물 안료(顔料)를 사용하였다. 신석기시대에는 여러 종류의 광물 안료를 사용하여 색을 칠하였고, 천연식물 염료로 염색하기 시작하였다. 하대(夏代)에 와서는 남료(藍蓼, 쪽의 일종)를 심기 시작하였는데, 그 증거로 『하소정(夏小正)』의 "5월에는…… 푸른 여뀌에 물을 준다"라는 기록을 보면 알 수 있다. 상·주대(商·周代)에는 수많은 염료의 특성을 모두 파악하여 완벽한 '5색(色)'을 만들어냈다. 또한, 이 시기에는 도염(塗染)·유염(揉染)·침염(浸染)뿐만 아니라, 투염(套染)·매염(媒染)·환원염(還原染)·초석병용염(草石幷用染) 등 다양한 염색기술이 개발되었다. 다양한 염색기술의 개발로 인해 이 시기에는 간색(間色)과 복색(復色) 등 더욱 풍성한 색으로 염색할 수 있었다. 『시경(詩經)·국풍(國風)·유풍(幽風)』에 "검은색이 있든 노란색이 있든 간에, 나는 붉은 색 옷을 입어 귀족의 행장을 할 것이다"라는 글이 실려 있다. 『주례(周禮)·고공기(考工記)』에는 "그림을 그리는 것은 다섯 가지 색을 뒤섞는 것이다…… 종(鐘) 씨가 깃털을 물들이는데…… 세 가지 색을 섞어 훈(纁, 연한 분홍색)을 만들고, 다섯 가지 색을 섞어 추(緅, 검붉은 색)를 만들고, 일곱 가지 색을 섞어 치(緇, 검은색)를 만들었다"라는 기록이 있다. 하지만 당시 황궁의 수공예 작업장에는 '염인(染人, 염색 기술자)'이나 '장염초(掌染草, 염료가 되는 풀을 관장하는 부서)'를 두지 못해서 전문적인 관리와 생산을 하지는 못했다. 미(美)를 중시하는 우리의 선조들은 단순한 염색에 만족하지 못했으므로 비단 염색·무늬 염색·자수뿐만 아니라, 한층 더 발전된 날염기술을 창조해냈다. 강서성(江西省) 정안현(靖安縣)의 이주요동주(李州坳東周) 고분에서 출토된 인화 직물은 당시 중국의 날염과 염색기술이 매우 높은 수준에 도달해 있었음을 증명해 주고 있다. 또한, 강서성 귀계현(貴溪縣)의 애묘(崖墓)에서 춘추전국(春秋戰國)시대에 사용된, 인화판으로 양쪽 면을 인화한 짙은 갈색 바탕에 은백색 꽃이 있는 모시포와 두 개의 형판(型版)이 발견되었다. 이것으로 보아 춘추전국시대에 형판 인화공예가 발명되었다는 것을 알 수 있다.

대략 진·한(秦·漢)시기에 와서야 비로소 뛰어난 화염(花染)공예의 납힐과 교힐이 생겨났을 것이다. "화염은 어떤 방법을 사용하여 명주실 혹은 직물의 일부분만을 염색하여 문양을 만드는 것이다. 화염을 하는 가장 간편한 방법은 교힐[찰염(扎染) 혹은 촬훈힐(撮暈纈)]이고…… 또 다른 방법으로는 납염이 있다. ……"[황능복(黃能馥)·진연연(陳娟娟), 『중국대백과전서·방직권(紡織卷)·중국고대인염직물(中國古代印染織物)]』 가장 최초로 발견된 납염직물은 신강(新疆) 민풍(民豊縣) 니아(尼雅) 유적에 있는 동한(東漢) 시기의 부부 합장묘에

한대(漢代)의 납염(蠟染) 면포(棉布)[신강(新疆) 민풍(民豊) 출토]

서 출토된 것이다. 발견 당시 남아 있는 부분의 길이는 80㎝, 너비는 50㎝였다. 이 직물의 위에는 점 문양이 있고, 가장자리에는 톱니 문양이 있다. 그뿐만 아니라, '미(米)'자 모양이 격자 형태의 기하형(幾何形)으로 표현되어 있다. 남색 바탕에 흰 꽃이 납염된 이 면직물은 당시 납염기술이 이미 상당한 경지에 이르렀음을 보여주고 있다. 또한, 지금까지 가장 먼저 발견된 교힐 직물은 신강 아사탑나(阿斯塔那, 아스타나) 서량묘(西涼墓)에서 출토된 것으로, 진홍색 바탕에 작은 사각형 문양이 있는 교힐 견(絞纈絹)이다. 이외에도 화염기술의 수준을 극도로 높여준 협힐이 있다. 두 개의 문양을 똑같이 투각(透刻)한 문양판 사이에 주름진 흰 천을 끼워 넣고, 투각한 문양이 있는 곳에 염료액이나 방염제를 뿌리면 대칭 형태의 문양이 나오게 된다. 최초의 협힐직물은 신강 우전현(于闐縣)의 옥우래극(屋于來克) 유적에 있는 북조(北朝)고분에서 출토된 거북 등껍질 문양이 있는 청백색 직물이다. "수·당대(隨·唐代)는 힐류(纈類) 복식이 가장 발달한 시기이고…… 당대(唐代)에는 '개원례(開元禮)' 제도를 만들 때, 특정한 협힐을 '행군(行軍)'의 표식으로 하여, 병사들의 옷을 만든다'라고 규정하였다. 송대(宋代) 초기에는 잠시 당의 제도를 그대로 따르는 듯했으나, 얼마 안 있어 민간에서 힐백(纈帛, 힐류의 견직물)을 착용하거나 힐판(纈版)을 판매하는 것을 금하여 힐류 기술 발전에 방해가 되었다."[대소손(戴紹蓀)·나서림(羅瑞琳), 『중국대백과전서·방직권·중국염정사(中國染整史)』] 이와 같은 이유로 송대 이후에는 중원 지역의 염힐 수공예가 점차 쇠퇴하였다.

그러나 다행스럽게도 중국의 염힐공예는 서남부 소수민족 지역에서 원래의 형태를 유지, 보존해 나가고 있었다. 귀주의 묘족(苗族)·수족(水族)·요족(瑤族)·포의족(布依族)·흘료족(仡佬族) 등과 같이 서남부 지역의 높은 산 깊숙한 곳에 사는 소수민족은 지금까지도 납염을 자신을 꾸미는 미화(美化) 수단으로 삼아 대대로 전해 내려오고 있다.[오숙생(吳淑生)·전자병(田自秉), 『중국염직사(中國染織史)』, 상하이인민출판사, 1986년] 수대(隨代) 서남부 소수민족의 '공작포(孔雀布)', 송대(宋代) 묘족의 '점납만(點臘幔)'·요족의 '요반포(瑤班布)', 청대(淸代) 흘료족의 '순수반(順水斑)' 등은 모두 한때 유행하던 납염제품이었고, 또한, 중앙정부로 납품하는 조공품이기도 했다.[안정강(安正康)·장지이(蔣志伊)·어신지(於信之)(편), 『귀주소수민족민간미술』, 귀주인민출판사, 1992년] 귀주 평파현(平壩縣) 동장묘(洞葬墓)에서 출토된 해오라기 문양의 채색 납염 치마는 귀주 고대 납염의 대표작이라 할 수 있다. 1949년 이후의 납염은 소수민족의 전통 수공예품으로 인정받아 전 지역으로 전파되고 소개되었다. 근래에

나무와 양이 있는 납염 병풍[당(唐)]

와서는 실용적인 면이 더욱 두드러졌고, 생산방식도 전통적인 수공예 방식에서 반(半)기계화 방식으로 변화하였다. 이러한 변화로 인해 납염은 사람들의 생활영역으로 새롭게 진입할 수 있게 되었다.

납염은 기술 속의 예술로, 과거와 현재를 불문하고 전 세계 모든 사람들의 큰 사랑을 받고 있다. "인도네시아의 발리(Bali), 자바섬, 일본, 인도 등의 납염은 13세기 이후에 고도의 발전을 이룩하였다.…… 17세기 아시아의 납염은 해상무역을 하는 네덜란드인에 의해 유럽으로 전파되었다.……"[강탁(江卓), 『중국대백과전서 · 경공권(輕工卷) · 납염』] 중앙아프리카와 서아프리카의 일부 국가와 지역에서는 납염이 이미 옷감을 제작하는 주요 수단이 되었다.(Fauque, C., & O. Wollenweber, 『Tissus d'Afrique』, Paris, France: Syro-Alternatives, 1991) 1997년에는 중국을 포함한 인도네시아, 일본, 인도, 네덜란드, 영국, 아일랜드, 독일, 오스트리아, 벨기에, 미국, 아르헨티나 등 세계 각국의 납염 예술가들이 모여, 중국 귀주 안순시(安順市)에서 국제 납염예술 연합전과 학술연구회를 개최하였다.[97'중국귀주국제납염연합전및학술연구회조직위원회, 『국제납염연전정품선(國際蠟染聯展精品選)』, 귀주신화(貴州新華)촬영인쇄사] 납염은 세계 염직사에서 시종일관 중요한 위치를 차지하고 있다.

3. 귀주 민간전통 납염 관련 문헌기록과 그 기원에 대한 전설

남송(南宋) 주거비(周去非)의 『영외대답(嶺外代答) · 요반포(猺斑布)』에 기록된 내용을 보면, 묘족과 요족 지역에서는 "푸른색으로 물들인 천을 반(斑)이라고 하였고, 그 문양이 매우 세밀하였다. 먼저 목판 두 장에 문양을 조각한 후, 그 사이에 천을 끼워 넣고 녹인 밀랍을 조각된 곳에 붓는다. 그런 후에 천을 판에서 분리하여 푸른색으로 물들인다. 푸른색으로 물든 이 천을 삶으면 밀랍이 제거되면서 아름다운 반화(斑花, 얼룩무늬)가 나타나게 된다"라고 설명하고 있다. 주거비는 남송 효종(孝宗) 순희(淳熙)연간에 정강부[靜江府, 지금의 계림(桂林)]의 통판(通判)이었다. 그는 순희 무술년(戊戌年, 1178년)에 낙향한 후, 『영외대답』을 집필하였다. 그가 집필한 내용 중에는 남송 초 · 중엽에 영남[嶺南, 양광(兩廣, 광동과 광서)지역]에 살던 묘족과 요족이 누판주납(鏤版注蠟) 방식으로 납염을 제작하였다는 기록이 있다. 이 방식은 오늘날 운동복 위에 글자를 찍는 방식과 유사하다.

남송 주보(朱輔)의 『계만총소(溪蠻叢笑) · 점납만(點蠟幔)』을 보면,

인도네시아 자바(Java) 납염

독일 현대 납염(Brigitte · Rudge)

"계동(溪洞) 사람들은 동고(銅鼓)를 진귀한 보물처럼 아꼈다. 동고의 문양을 본떠서 천에 밀랍으로 새긴 후, 푸른색으로 염색했다. 이것을 점납만이라고 불렀다"라는 기록이 있다. 주보에 관해서는 청나라 건륭(乾隆)연간(1736~1795년)의 『사고전서(四庫全書) · 계만총소 · 제요(提要)』에 "…… 그의 관직이 어떤 것인지는 분명하지 않다. 유일하게 『호구지(虎丘志)』에 '영호구(咏虎丘)'라는 시 한 수를 실은 것으로 보아, 남송 말기 사람이라는 것만 추측할 수 있다"라고 기록되어 있다. 또한, 청나라 순치(順治)연간(1644~1661년) 완위산당본(宛委山堂本)의 『설부(設郛) · 계만총소 · 서』는 다음과 같이 기록하고 있다. "오계만(五溪蠻)은 모두 반호(盤瓠)의 자손이다.…… 두건을 쓰지 않고, 짚신을 신지 않았고, 언어 · 의복 · 음식이 모두 달랐다. 한 중원 지역 관료에 의해 시작된 이것을 보면 모두 놀랄 것이다.…… 통수(通守, 통판)인 주공(朱公)은…… 풍류를 알고 학식이 풍부해서, 직접 계만에 대한 것을 기록했다. 그는 색다른 안목으로 모든 것을 기록했는데, 이를 총소(叢笑)라고 한다.…… 경원(慶元)연간, 을묘년(乙卯年), 엽전(葉錢)의 서문." 원말명초(元末明初)에 편찬된 『설부』 중에 수록된 엽전의 「계만총소 · 서」[경원연간의 을묘년, 즉 송나라 영종(寧宗) 경원연간의 을묘년(1195년)]에 따르면, 주보는 "남송말기 사람"이라는 말이 나온다. 어쨌든 주보의 『계만총소』를 통해, 남송의 중 · 말엽에 검동(黔東)과 상서(湘西)에 거주한 묘족과 요족의 선조들은 동고의 문양을 본떠서 납염을 제작했다는 것을 알 수 있다. 천을 동고에 덮고 밀랍으로 반복해서 문지른 후에 염색을 하면 동고의 문양이 천으로 그대로 옮겨지게 된다. 이러한 방법은 탁본 제작방법과 같은 것이다.

언제부터인지는 알 수 없지만, 납염의 제작방법은 동납도(銅蠟刀)로 녹인 밀랍을 찍어서 천에 직접 도안을 그리게 되면서 변화하게 되었다. 명나라 가정(嘉靖)연간의 『귀주통지(貴州通志)』를 보면, "천에 밀랍으로 문양을 그린 후, 그 밀랍을 제거하면 문양이 나타난다"라는 기록이 있다. 탁본처럼 원본 그림을 두드려서 찍지 않고, 이렇게 직접 밀랍으로 그림을 그리는 방식은 복제에 불과했던 납염공예를 창작예술로 전환하게 했다. 이로 인해 납염예술의 독특한 예술적 언어를 형성하게 되었고, 납염 도구의 성능을 충분히 발휘하여 납염의 아름다움을 표현해내게 되었다. 귀주의 소수민족은 지금까지도 이 방법으로 납염을 제작하고 있다.

검동남(黔東南) 지역에서 전해오는 납염의 기원에 대한 전설은 다음과 같다. 옛날에 한 아름다운 아가씨가 있었는데, 집이 가난하여 마을행사에 입고 나갈 변변한 옷이 없었디. 명절에 다른 아가씨들은 모두 예쁜 옷을 입고 나가서 젊은 청년들과 짝찾기 달놀이를 하며 놀았지만, 그녀는 혼자 쓸쓸하게 집에 남아서 베를 짰다. 이때, 들보 위에 있던 벌집이 흰 천 위로 떨어져서 봉랍(蜂蠟)으로 물들게 되었다. 하지만 아가씨는 개의치 않고 그 천을 푸른색으로 물들였다. 그러자 염색된 푸른 천에 뜻하지 않은 흰 꽃무늬가 나타났다. 그녀는 이때부터 봉랍으로 천에 꽃 그림을 그린 후에 염색해서 아름다운 꽃무늬를 만들게 되었다. 다음번 명절에 이 아가씨는 노생장(蘆笙場)에 납염된 옷을 입고 나타났다. 그러자 모든 사람이 그녀를 주시하게 되었고, 젊은 청년들은 연이어 그녀에게 구혼하였다. 다른 아가씨들은 그 아름다운 옷을 입고 싶어서, 그녀에게 만드는 방법을 묻게 되었다. 이때부터 납염의 기술이 묘족 여성들 사이에서 전해 내려오게 되었다.

묘족이 모여 사는 지역에는 「납염가(蠟染歌)」가 전해져 내려오는데, 여기에 납염의 기원이 묘사되어 있다. 고대에 10명의 원로가 천지를 창조하였는데, 항상 하늘이 견고하지 않아서 자주 무너져 내렸다. 이에 원로들은 자신의 몸으로 하늘을 떠받쳤지만, 너무 힘들어서 견딜 수가 없었다. 그래서 여신의 아기에게 하늘을 떠받칠 수 있는 우산을 만들어 달라고 요청하였다. 여신의 아기는 구름과 안개를 모아 흰 천을 짠 후, 배나무 아래에서 말렸다. 바람이 불어 배꽃이 천 위에 떨어지자, 벌들이 날아와 떨어진 꽃에서 꿀을 채집하였다. 이때 봉랍이 천에 묻어서 무늬가 나타나게 되었고, 땅에 있던 푸른 풀에서 분비된 액이 흰 천을 푸르게 물들였다. 여신의 아기는 자신이 힘들게 만든 천이 이렇게 더럽혀진 것을 보자마자, 재빨리 천을 물에 넣어 헹궈냈다. 하늘의 화왕(火王, 태양)도 그녀를 딱하게 여겨, 햇빛을 쬐어서 봉랍을 녹여내 주었다. 그러자 흰 천이었던 것이 파란 바탕에 흰 무늬가 있는 아름다운 천으로 변하였다. 아기는 이 천을 꿰매서 하늘을 떠받치는 우산을 만들었다. 이 우산으로 하늘을 떠받치자 푸른 바탕의 천은 파란 하늘이 되었고, 흰 무늬는 달과 별이 되었다. 여신의 아기는 이 기술을 인간인 아포(阿蒲)와 아앙(阿仰) 자매에게 전수하였고, 이때부터 인간들은 납염된 옷을 입게 되었다고 한다.

중국의 고서에 기록된 신화를 보면, 납염의 기원에 대해 알 수 있다. 『산해경(山海經)·권15·대황남경(大荒南經)』을 보면, "송산(宋山)에는 육사(育蛇)라는 붉은색 뱀이 있고, 목생산(木生山)에는 풍목(楓木, 단풍나무)이 있다. 풍목은 치우(蚩尤)가 버린 질곡(桎梏, 수갑과 족쇄)

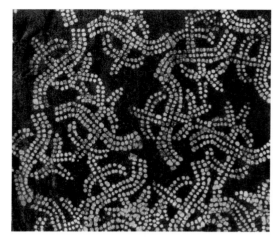

채색 납염[평파현(平壩縣) 동장묘(洞葬墓) 출토]

귀주에 전해오는 동고(銅鼓)[포의족(布依族)]

이 변한 것이다"라는 구절이 있다. 동진(東晉)의 학자인 곽박(郭璞)은 "황제(黃帝)가 무기로 치우를 살해한 후, 그 무기를 던져버리자 나무로 변하였다"라고 하였다. 『일주서(逸周書)·상맥(嘗麥)』에는 "치우가 적제(赤帝)를 뒤쫓아 탁록(涿鹿)의 강(혹은 언덕)에서 전쟁을 벌이자, 전화(戰火)가 천하를 뒤덮어 해를 입지 않은 곳이 없었다. 이에 적제는 크게 두려워하여 황제에게 구원을 요청하였고, 황제는 치우를 잡아 기[冀, 하북성(河北省)]에서 죽여버렸다"라고 나와 있다. 이러한 고대 기록을 정리해 보면 다음과 같다. 치우와 황제가 탁록에서 전쟁을 벌였고, 전쟁에서 패한 치우는 황제에게 붙잡혔다. 황제가 나무 칼로 치우를 처형한 후에 그 칼을 들판에 버리자, 하늘을 찌를 듯한 단풍나무로 변했다. 묘족 사람들은 단풍나무를 그들의 선조인 치우의 상징이라고 여겨 신을 모시듯 경의를 표했다. 단풍나무 액은 붉은색을 띠어서, 묘족 사람들은 이것을 선조의 피라고 여김과 동시에 신력이 있다고 생각했다. 그래서 이것을 자신의 토템과 숭배물의 형상으로 묘사하여 제례복과 깃발로 제작하였다. 또한, 묘족 사람들은 단풍나무 액에 교질(膠質)과 당분이 함유되어 있어서 방염 작용을 할 수 있다는 것을 알아내었다. 이 액으로 염색하면 도안이 더욱 선명하게 나타났다. 이 기술은 제례용품 제작에서부터 일상용품 제작에까지 보급되었다. 이것이 바로 '풍액염(楓液染)'이다. 검동남주(黔東南州)의 강현(江縣) 파사채(岜沙寨)의 묘족에서부터 지금까지 이 고대의 방염기술은 여전히 보존되어 오고 있다. 이 기술로 표현된 톱날 모양의 용, 뱀, 물고기, 벌레, 태양의 도안은 매우 소박하다. 검남주(黔南州)의 혜수현(惠水縣)과 검동남주 마강현(麻江縣)에서는 지금도 단풍나무 액과 쇠기름으로 만든 방염제를 사용한다. 이것으로 보아, '풍액염'이 납염의 전신(前身)이라는 것을 추측할 수 있다. 하지만 단풍나무 액은 계절마다 당의 함량이 달라서, 방염의 품질이 불안정하게 나타난다. 게다가 저장이 어려워, 바로 채취해서 바로 사용할 수밖에 없었다. 대신에 밀랍은 열로 녹인 후에 바로 사용할 수 있어서 매우 편리하다. 보관하기도 쉬울 뿐만 아니라, 방염력도 매우 강하다. 이러한 장점으로 인해 밀랍이 대다수 지역에서 단풍나무액을 대신해 주요 방염제로 사용되었다.

4. 귀주 민간전통 납염의 분류

초창기 통계를 보면, 귀주성(貴州省) 약 80%의 현(縣)과 시(市)

파사(岜沙)묘족의 단풍나무 액으로 염색한 조끼[종강(從江)]

에서 납염을 제작하고 사용했던 전통이 있다고 한다. 묘족(苗族), 요족(瑤族), 수족(水族), 포의족(布依族), 흘료족(仡佬族)이 바로 그 예이다. 지역과 민족마다 납염의 예술양식도 다르고, 유형도 천차만별이다. 그중에서 가장 전형적이고 핵심적인 것이 월량산형(月亮山型), 비운산형(飛雲山型), 오몽산형(烏蒙山型), 편담산형(扁擔山型)이다. 현재의 안순(安順) 지역은 비록 귀주 납염제품의 중요한 산지이기는 하지만, 이 책에서는 그곳에 있는 민간 납염을 편담산형으로 분류하였다.

월량산형 납염의 생산지는 검남주(黔南州) 삼도현[三都縣, 교려(交黎)·타어(打漁)·도강(都江)·보안(普安)·고동(高硐)·교리(交梨)·묘룡(苗龍)·삼합(三合)·납람(拉攬)·양기(陽基)·요록(堯麓)·개뢰(介賴)]과 검동남주(黔東南州) 단채현[丹寨縣, 배조(排調)·아회(雅灰)·양무(揚武)·부흥(復興)·금중(金中)·오만(烏灣)], 용강현[榕江縣, 기획(企劃)·팔개(八開)·낙리(樂里)·평영(平永)·삼강(三江)], 뇌산현[雷山縣, 영락(永樂)·달지(達地)]의 접경지역에 분포하고 있다. 이 지역의 대부분은 월량산(月亮山) 지역에 속해 있어서, 이곳에서 생산되는 납염을 월량산형 납염이라고 부른다. 이 책에서는 월량산형 납염에 대해 중점적으로 소개하고 있다.

비운산형 납염의 생산지는 검동남주의 황평현[黃平縣, 중안(重安)·중흥(重興)·옹평(翁坪)·황표(黃飄)·당도(塘都)·곡롱(谷隴)·대지(代支)·마양(馬揚)·숭인(崇仁)·신주(新州)·나랑(羅朗)·낭하(浪河)]과 개리시[凱里市, 황묘(黃猫)·대풍동(大風洞)·관영(冠英)·대강(代江)·노호정(老虎井)·낙면(洛棉)·용양(龍陽)]의 접경지역에 분포하고 있다. 이 지역은 비운산(飛雲山)의 비운 절벽이 둘러싸고 있어서, 이곳에서 생산되는 납염을 비운산형 납염이라고 부른다. 이 책에서는 비운산형 납염에 대해 중점적으로 소개하고 있다.

오몽산형 납염의 생산지는 육반수시(六盤水市)의 육지특구(六枝特區)에 분포되어 있다. 검서북(黔西北)의 필절현(畢節縣), 직금현(織金縣), 검서현(黔西縣), 납옹현(納雍縣), 혁장현(赫章縣) 및 안순시의 보정현(普定縣) 등이 바로 주요 생산지이다. 이 지역의 대부분은 오몽산(烏蒙山) 지역에 속해서, 이곳에서 생산되는 납염을 오몽산형 납염이라고 부른다.

편담산형 납염의 생산지는 안순시의 진녕현[鎭寧縣, 편담산(扁擔山)·석두채(石頭寨)·육마(六馬)·황과수(黃果樹)], 보정현[용알(龍嘎)·후채(後寨)·양류(楊柳)], 관령현[關嶺縣, 정영(頂營)·영녕(永寧)·사영(沙營)]에 분포되어 있다. 그리고 육반수시의 육지특구[농각(隴脚)·낙별(落別)], 반현(盤縣), 수성(水城)의 일부 지역 및 필절 지역의 위녕현(威寧縣) 일부 지역이 주요 생산지이다. 이곳의 납염은 편담산 지역 납염의 전형적인 형태로, 여기서 생산되는 납염을 편담산형 납염이라고 부른다.

해오라기 문양의 채색 납염 치마[평파현(平壩縣) 동장묘(洞葬墓) 출토]

타철묘(打鐵苗)의 납염하기 전 단풍나무 액으로 물들인 이불 겉감(일부분)[혜수현(惠水縣)]

이외에도 다른 형태의 귀주 민간전통 납염이 있다. 안순의 소둔(小屯), 요포(幺鋪), 대산초(大山哨) 일대의 묘족 납염이 바로 그 것이다. 이 납염은 옷이나 어깨끈 등 일상생활에서 광범위하게 사용되고 있으며 그 특징은 색채가 비교적 다양하다는 것이다. 붉은색, 노란색, 짙은 남색, 옅은 남색, 흰색 등 여러 색깔을 이용하여 납염제품을 만들고 있다. 도안도 화조어충(花鳥魚蟲) 문양과 기하형 문양 등 다양한 양식이 있고, 기법 면에서도 점 · 선 · 면을 결합한 형태를 활용하여 제작하고 있다.

검남주의 귀정현(貴定縣), 복천현(福泉縣), 혜수현(惠水縣)과 안순시 평파현(平壩縣) 등지의 묘족 납염은 오몽산형 납염양식과 비슷하다. 문양은 비록 정교하지 못하지만, 수많은 색채를 사용하여 옷이나 수건 등 일상생활에 쓰이는 물건을 다양하게 만들었다. 그중에서도 혜수현의 일부 묘족들은 단풍나무 액을 쇠기름과 섞어 방염제로 만들어 사용하기도 했다.

5. 귀주 민간전통 납염의 제작자와 사용자

귀주의 민간전통 납염을 만드는 사람은 모두 귀주에 사는 소수민족 여성이고, 일반적으로 남성은 제작에 참여하지 않았다. 청대(淸代)의 개토귀류(改土歸流, 족장을 폐하고 중앙관리를 임명하는 제도) 이전에는 남녀 모두 납염으로 제작된 의복을 착용하였다. 개토귀류 이후에는 청대 통치자가 무자비한 수단으로 동화(同化)정책을 시행하여, 강제적으로 남성의 복식을 바꾸게 하였다.[양정문(楊正文), 『묘족복식문화(苗族服飾文化)』, 귀주민족출판사, 1988년] 하지만 대다수 지방의 여성들은 납염의 복식을 그대로 보존해왔다. 이러한 이유로 복식 면에서 "남성은 따르고 여성은 따르지 않는(男降女不降)" 특이한 현상이 발생하였다. 이것은 당시 통치자가 여성의 지위를 중시하지 않아, 중국 여성의 지위는 사회에서나 가정에서나 종속적인 위치에 처했기 때문이다. 당시 서방문화 비판연구 및 페미니즘 이론은 예술과 전통에 대한 사회 · 정치 · 경제의 비주류화를 지나치게 강조하곤 하였다.[Robinson, H. (Eds.), 『Feminism-art-theory: An anthology, 1968-2000』, Oxford, U.K.: Blackwell Publishers Ltd., 2001 ; Blau, J. R., P. M. Blau, & R. M. Golden, "Social inequality and the arts", 『The American Journal of Sociology』, 1985, 91(2), pp. 309-331] 또한, 순수 예술과 전통에 대한 보호기능의 비주류화를 소홀히 여겼다. 귀주는 중국에서 민간문화 자원이 매우 풍부한 성(省) 중 하나였는데, 이는 귀주가 오래도록 중국의 정치 · 경제적으로 비주류에 처해 있었기 때문이다.

묘족과 같은 소수민족의 분파는 타지 사람들이 구분하기 어려울 정도로 많은 편이다. 역사책이나 사지(史志)에서는 소수 민족의 분파를 복식양식과 특징으로 구분해서 불렀다. 예를 들어 묘족의 분파를 '홍묘(紅苗)', '백묘(白苗)', '흑묘(黑苗)', '화묘(花苗)' 등으로 불렀다. 이 책에서도 쉽게 알아볼 수 있게 하기 위해 같은 이름을 사용하였다.

다음에는 각종 납염 유형의 제작자와 사용자를 구분해서 소개하였다.

(1) 월량산형(月亮山型)

월량산형 납염의 제작자와 사용자는 '알뇨(嘎鬧)'라고 부르는 백령묘(白領苗)와, 이 부족과 잡거(雜居)하거나 통혼한 일부 수족(水族) 및 '목(木)'이라고 부르는 흑령묘(黑領苗)이다. 이 묘족 분파의 언어는 묘족의 중부지역에서 사용하는 방언이고, 이는 검동(黔東)의 방언이기도 하다. 백령묘와, 그들과 잡거하거나 통혼한 일부 수족이 이곳에서 제작한 납염은 단도[丹都, 단채(丹寨)와 삼도(三都)]식에 속하고, 흑령묘가 제작한 납염은 흑령묘식(黑領苗式)에 속한다.

민국(民國) 시기 『팔채현지고(八寨縣志稿)』[지금의 단채(丹寨)]의 기록에 따르면, "백묘는 백령묘 혹은 화각묘(花殼苗)라고도 부른다. 흑묘의 여성들은 머리에 쪽을 졌고 붉은색 수건을 둘렀으며 꽃무늬 천으로 만들어진 옷은 허리를 덮는 길이였다. 옷깃은 흰색으로 장식되어 있고, 채(采)를 둘러 묶었다. 음력 정월에 전통놀이를 할 때, 남자들은 맨머리와 맨발 차림을 하였고, 여자들은 무릎까지 오는 짧은 흰옷을 입었다. 결혼한 여자들은 쪽을 진 머리에 긴 비녀를 꽂았다."[정세량(丁世良)·조방(趙放)(편), 『중국지방지민속자료휘편(中國地方志民俗資料彙編)·서남권(西南卷)』 제56항, 서목문헌(書目文獻)출판사, 1991년] 현지 조사에 따르면, 같은 방언을 사용하는 '파고묘(壩固苗)'는 백령묘의 '고룡(故龍)'이라고 불렀는데, 이것은 바로 '수묘(水苗)'라는 뜻이다. 또한, 한 지역에 거주하는 '흑령묘'는 그들과 수족을 통칭하여 '고(故)'라고 하였다. 이것으로 보아 백령묘와 잡거한 수족을 동등하게 취급했다는 것을 알 수 있다. 수족도 백령묘의 '유수(謬雉)'라고 불렀는데, 이 또한 수묘라는 의미이다. 그뿐만 아니라, 백령묘조차도 스스로 수묘라고 일컫기도 했다. 이러한 호칭으로 보아 백령묘와 수족은 서로 밀접한 관계가 있음을 알 수 있다. 비록 백령묘와 잡거한 일부 수족은 다른 종족의 근원·성씨·명절·언어·신앙을 가지고 있지만, 상대방의 언어를 모두 이해할 수 있었다. 그리고 생활

팔채흑묘(八寨黑苗), 청대(淸代) 서화첩 『칠십이묘전도(七十二苗全圖)』

습관·건축양식·음식 방면에서도 거의 구별이 없을 정도로 흡사하였다. 이 중에서도 더욱 주의해서 살펴보아야 할 것은 그들의 복식과 납염예술의 양식이 거의 같다는 것이다. 이들은 모두 '와타(窩安)'라고 하는 나선문양의 납염 의상을 입었다. 또한, 그들이 사용한 이불보, 침대보, 보자기 등은 모두 같은 납염양식으로 장식되어 있다. 백령묘는 그들과 잡거한 일부 수족과 통혼할 수 있었다. 하지만 다른 복식을 하는 기타 묘족 분파와는 통혼할 수 없었다. 심지어 이웃한 흑령묘와 '알뇨'라고 스스로 일컫는 '팔채묘(八寨苗)'와도 통혼할 수 없었다. 백령묘와 잡거한 일부 수족도 그들과 다른 복식을 하는 수족 분파와 통혼할 수 없었다. 이는 인류 문화학상에서 나타난 특이한 현상이라고 할 수 있다. 납염과 복식이 이러한 현상에 중요한 작용을 했다고 짐작되지만, 아직 분명하게 밝혀진 것은 없다. 그들이 공동으로 보유한 복식과 납염예술은 누가 먼저 창조한 것인지 감히 단언할 수 없다. 귀주인민출판사가 1985년에 출판한 전문 서적인 『묘족간사(苗族簡史)』와 『수족간사(水族簡史)』를 참고해 보면, 묘족과 수족의 선조가 어떻게 서로 만나게 되었는지에 대해 간략하게 소개하고 있다.

5천여 년 전 신화전설 시대에는 묘족의 선조인 치우(蚩尤)가 거느린 구여(九黎)와 황제(黃帝)가 거느린 화하(華夏)라는 두 촌락연맹이 충돌을 일으켰다. 이 두 촌락연맹은 현재의 하북성(河北省) 탁록현(涿鹿縣)인 탁록의 한 들판에서 결전을 벌였다. 구여가 이 전쟁에서 패배한 후에 그 세력이 급격히 쇠약해지기는 했지만, 요(堯)·순(舜)·우(禹) 시기까지 여전히 장강(長江) 중·하류의 광활한 지역을 점유하고 있었다. 지금으로부터 4천여 년 전후에는 '삼묘(三苗)'라는 새로운 민족촌락연맹이 번성하였는데, 이 촌락연맹은 요·순·우 시기 동안 장기적으로 항쟁하였다. 상·주(商·周) 시기에는 장강 중류 지역에 있는 삼묘와 기타 각 부족을 모두 '형초(荊楚)' 혹은 '남만(南蠻)'이라고 불렀다. 여기서 알 수 있는 것은 묘족의 근원에 대한 문제는 지금까지도 학계에서 정설을 찾지 못하고 각종 논쟁만을 벌이고 있다는 것이다. 하지만 묘족의 선조는 진·한대(秦·漢代) 이후로 당시 무릉오계(武陵伍溪)라고 불린 상서(湘西) 원강(沅江) 유역, 악서(鄂西) 청강(淸江) 유역, 검동남(黔東南) 청수강(淸水江) 유역 등 무릉군(武陵郡) 지역에 집중적으로 모여 살았다. 이 의견에 대해서 반론하는 사람은 없다. 진·한대 이후에 형양(荊襄)과 강회(江淮) 지역에 일부 묘족이 살았고, 그 이외에 대부분의 묘족은 상(湘)·악(鄂)·천(川)·검(黔)에 인접한 무릉오계 지역에 모여 살았다. 이 지역에 살았던 묘족을 현지에 살고 있던 다른 종족과 함께 '무릉만(武陵蠻)' 혹은 '오계만(五溪蠻)'이라고 불렀다. 당·송(唐·宋) 이후에 '묘(苗)'는 다른 소수민족과 섞인 '만(蠻)'에서 점차 분리되어 나왔다. 단일민족의 족칭(族稱)을 재현한 문헌 중에서, 당대(唐代) 말기 번작(樊綽)이 집필한 『만서(蠻書)·권10』을 보면, "검(黔)·경(涇)·파(巴)·하(夏)의 4읍(邑)은 묘의 무리이다"라는 기록이 있다. 묘족의 선조는 역사상 큰 폭으로 먼 거리를 장기간 동안 동에서 서로, 북에서 남으로 옮겨 갔다. 황하(黃河) 유역에서부터 강한평원(江漢平原)과 무릉오계 지역을 거쳐 현재의 귀주 지역으로 진입하게 된 것이다. 백령묘는 그 중 한 분파의 후예이다.

수족의 선조는 고대의 동남 연해 일대에 살았던 '백월(百越)' 종족 중 하나인 '낙월(駱越)'의 한 분파이다. 그들은 일찍이 옹강(邕江) 유역에 있는 '파수산(岜幽山)'에 거주하였다. 하지만 진시황(秦始皇)이 영남(嶺南) 지역을 점령한 후에는 그들에게 옹강 유역을 떠나라는 핍박을 하였다. 그래서 현재의 광서(廣西) 하지(河池)와 남단(南丹)을 거쳐, 용강(龍江)을 따라 거슬러 올라가 결국 현재의 귀주 지역으로 진입하게 되었다. 이렇게 그들은 점차 모체에서 분리되어 나와 단일민족을 형성하게 되었다. 당·송(唐·宋) 시기에는 수족과 장동어족(壯侗語族)의 모든 민족을 통칭하여 '요(僚)'라고 하였고, 명·청(明·淸) 시기에는 '수(水)'라고 불렀다. 북송(北宋) 시기에 수족은 용강 상류와 도류강(都柳江) 상류의 중간 지역[현재 귀주 삼도수족자치현(三都水族自治縣) 및 인접한 귀주의 여파(荔波), 광서의 환강(環江) 등지]에서 정착생활을 하였는데, 그 당시에는 이 지역을 '무수주(撫水州)'라고 불렀다.

이렇게 알뇨와 수족의 선조들은 월량산과 도류강 상류 지역에서 서로 만나게 되었다. 전해 내려오는 말에 따르면, 이 두 종족의 선조들은 서로 연합하여 무력으로 먼저 이 지역에서 살고 있던 민족을 몰아냈다고 한다. 이러한 이유로 알뇨와 수족은 서로 밀접한 관계를 맺게 되었다.

민국(民國) 시기 『마강현지(麻江縣志)』에서는 '백령묘'의 복식을 다음과 같이 묘사하였다. "…… 옷은 납염된 천으로 만들었고, 길이가 허리까지 내려왔으며, 목장식은 흰것으로……."[정세량·조방(편), 『중국지방지민속자료휘편·서남권』 제615항, 서목문헌출판사, 1991년] 단채현(丹寨縣) 배말채(排末寨)의 노귀사(老鬼師) 구왕우당(構王牛黨) 선생에 따르면, 고대 묘족의 남녀가 입었던 옷을 '와타(窩娑)'라고 불렀다고 한다. 이 복식에서 남성의 옷깃에는 납염 장식을 했고, 여성의 옷깃에는 자수 장식을 했다. 하지만 흰 천으로는 장식하지

성장(盛裝)한 백령묘(白領苗) 여인들[단채(丹寨)]

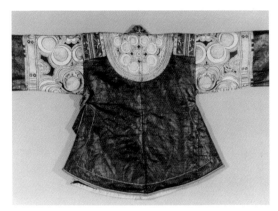

백령묘 성장복식의 고정 문양

성장한 흑령묘(黑領苗) 여인들[용강(榕江)]

않았다. '백령묘'와 '흑령묘'를 구분할 때는 옷의 안감을 보면 된다. 백령묘의 안감은 흰색 천이나 흰 바탕에 옅은 남색의 가는 줄무늬가 있는 천으로 되어 있고, 그들은 속옷조차도 흰색을 입었다. 흑령묘의 안감과 속옷은 대부분 검은색으로 되어 있다. 백령묘와 흑령묘를 제대로 부르자면, '백리묘(白里 苗)'와 '흑리묘(黑里苗)'라고 하는 것이 맞다. 하지만 사람들이 잘 못된 이름을 전해 듣고는 그 이름이 계속해서 전해 내려오게 되었다. 백령묘와 관련된 자료는 『도균현지고(都勻縣志稿)』, 『삼합 현지고(三合縣志稿)』, 『도강청지(都江廳志)』, 『여파현지(荔波縣志)』, 『용공 현지(榕工縣志)』 등 지방지(地方志)의 기록에 모두 실려 있고, 그 내 용은 대동소이하다.[정세량 · 조방(편), 『중국지방지민속자료휘편 · 서남권』 제615항, 서 목문헌출판사. 1991년] 『팔채(단채)현지고』에 실린 백령묘(화묘, 화각묘)와 관 련된 기록을 살펴보면 다음과 같다. "화묘는 누각에 거주하 였는데, 이 누각은 3층 혹은 2층으로 되어 있다. 위층은 곡식 을 저장하는 곳으로 사용하였고, 중간층에는 사람이 거주하 였다. 그리고 아래층에서 가축을 길렀다. 남성은 청남색 천으 로 머리를 휘감았고, 나무 빗으로 상투를 틀었다. 또한, 대나 무 삿갓을 썼고, 검정색 짧은 옷을 입었다. 치마는 납염된 천 으로 만들었고, 소매는 비단으로 장식하였다. 이들을 바로 화 묘라고 불렀다." 이것은 현지 조사 내용과 부합되는 것으로, 구왕우당 선생의 말에 근거가 있다는 것을 증명한다. 백령묘 에 의해 납염은 고도의 예술적 성과와 견실한 민족문화 전통 을 유지할 수 있었고, 2005년에 '단채묘족납염'은 『제1차 국 가급 무형문화유산 명단』에 등재되었다.

흑령묘식으로 제작된 납염을 살펴보면, 흑령묘의 역사가 더욱 오래되었다는 것을 알 수 있다. 현재 도강진(都江鎭) 부근 에 거주하고 있는 흑령묘는 흑묘라고 부르거나 고표묘(鼓瓢苗), 화의묘(花衣苗)라고 부른다. 흑령묘와 관련된 『팔채현지고』의 기록을 살펴보면 다음과 같은 글이 있다. "흑묘는 단군묘(團裙 苗)라고도 한다. 이들은 허리까지 오는 검은 옷을 입었고, 천 을 잘라 치마를 만들어 입었다. 무릎에서 정강이까지는 검 은 천으로 동여맸고, 길게 기른 머리에 '만(万)'자 형태로 검은 색 수건을 덮어 썼다. 흑묘의 여성은 머리에 긴 비녀를 꽂았 고, 귀에는 긴 귀걸이를 달고 다녔다. 목에는 은으로 된 커다 란 고리를 걸었는데, 많게는 십여 개 이상을 걸기도 했다. 또 한, 이들은 남녀 모두 짚신을 신고 다녔다……"[정세량 · 조방(편), 『중 국지방지민속자료휘편 · 서남권』 제656항, 서목문헌출판사. 1991년] 흑령묘는 월량산 깊 숙한 곳에 살고 있어서, 바깥세상과는 교류가 많지 않았다.

그래서 민풍(民風)과 예술양식에 있어서 고대의 원형을 그대로 유지할 수 있었다. 흑령묘는 귀주 묘족의 각 분파 중에서도 가장 전통적인 분파라고 할 수 있다. 흑령묘의 고장절(牯牂節)에 백조의(百鳥衣)를 입은 의장수(儀仗手)의 형상과 서남부의 각 성에서 출토된 춘추(春秋)시대와 한대(漢代)의 석채산형(石寨山型) 동고(銅鼓)에 있는 노생(蘆笙, 생황)을 부는 우인(羽人) 형상『중국고대동고(中國古代銅鼓)』 제174항, 문물출판사, 1988년]을 비교해 보면, 이 두 가지가 상당히 비슷하다는 것을 알 수 있다.

동고(銅鼓)에 그려진 우인(羽人) 도안

검동남 및 검남 지역은 당대(唐代)에는 '동사만(東謝蠻)'의 우두머리인 사원침(謝元琛)의 영지였고, 수부(首府, 성도(省都)가 소재한 부(府)]는 현재의 삼도수족자치현 도강진에 있다. '목(木)', '알뇨'와 수족의 선조는 당시 모두 그의 속민(屬民)이었다. 곽약허(郭若虛)의 『도화견문지(圖畫見聞志)』를 보면, 사원침이 여러 민족으로 구성된 가무단(歌舞團)을 이끌고 당태종(唐太宗)을 알현하러 가는 장면이 다음과 같이 묘사되어 있다. 도성의 궁궐에서 동사만의 악사들이 노생으로 수곡(水曲)을 연주하였고, 무인(舞人)들은 연주에 맞춰 손을 맞잡고 발을 구르며 토풍무(土風舞)를 췄다. 하지만 당 태종의 관심을 끈 것은 지금까지 한 번도 본 적이 없는 그들의 기괴한 복장이었다. 신하들이 그 복장이 무엇인지를 묻자, 주변에서 그것은 '훼복조장(卉服鳥章)'이라고 아뢰었다. 이세민(李世民)은 화가 염립덕(閻立德)에게 보기 드문 이 장면을 그림으로 기록하여 후대에 전하게 하였다. 또한, 사원침을 응주(應州) 자사(刺史, 지난날의 지방 장관)에 임명하여, 그에게 현재의 귀주 동남부와 남부 일대를 다스리게 하였다.[오신복(伍新福), 『중국묘족통사(中國苗族通史)』 제128항, 귀주민족출판사, 1999년] 『송사(宋史)』에도 동사만이 당태종을 알현한 장면이 묘사되어 있다. 흑령묘에 현존하는 음악과 가무에 대한 기록 중에서도 동사만의 복식에 대해 묘사한 것이 거의 일치한다.[오신복, 『중국묘족통사』, 귀주민족출판사, 1999년] 이것으로 흑령묘의 전통 보존이 매우 완벽하다는 것을 알 수 있다. 용강 흑령묘 부녀자들의 전통 복식에 대해서는 민국 연간에 나온 『용강향토교재(榕江鄉土教材): 제7장』에 자세하게 기록되어 있다. "묘족 여인들은 위에는 푸른 천으로 된 두루마기를 입었고, 아래에는 치마를 입었다. 푸른 두루마기에는 수많은 문양이 있는데, 그 문양과 색채가 고대 제왕의 황후가 입는 조복(朝服)과 흡사하였다. 머리는 정수리 쪽으로 틀어 올려 빗으로 쪽을 지었고, 목에는 은으로 된 고리를 걸었다. 손가락 굵기 정도의 고리를 하나에서 많게는 10여 개까지 걸었는데, 이는 빈부의 차이 및 미의 정도에 따라 그 수가 정해졌다. 목에 걸

한대(漢代) 서남이(西南夷)에서 출토된 문물

린 은 고리는 크기가 다양하여, 크기에 따라 순서대로 어깨에 걸거나 가슴 앞에 드리웠다. 성장(盛裝)한 묘족 여인을 보면, 고대 황후나 후궁과도 구분할 수 없을 정도로 매우 아름다웠다……." [정세랑·조방(편), 『중국지방지민속자료휘편·서남권』 제154항, 서목문헌출판사, 1991년]

(2) 비운산형(飛雲山型)

비운산은 검동남(黔東南)의 황평현(黃平縣)에 있고, 비운산형 납염의 제작자와 사용자 모두 '혁가(僄家)' 사람이다. 납염은 혁가의 생활 속에 광범위하게 응용되고 있다. 옷·모자·앞치마[圍腰]·배선(背扇)·베갯잇·보자기[布襖布]·바구니 덮개[盖籃帕]·손수건·가방[挎包]·문발[門簾] 등이 모두 납염으로 장식되어 있다. 또한, 도안도 새·나비·물고기·벌레·박쥐·나방·꽃과 과일·풀·동고(銅鼓) 등 각종 기하형 문양과 동식물 문양이 있다. 때로는 기하형 문양과 동식물 문양이 자연스럽게 결합하여 나타나기도 한다. 비운산형 납염양식은 세밀하게 잘 짜여 있어서, 예술성과 관상성(觀賞性)을 모두 갖추고 있다.

비운산형 납염을 제작하는 혁가 사람들은 황평과 개리(凱里)의 경계지역인 중안강(重安江)의 주변지역에 거주하고 있다. 혁가 사람들은 타지 사람들과 동떨어진 먼 외지에 살고 있어서, 납염공예를 전적으로 모녀 계승에 의지하고 있다. 여자아이들은 4~5세가 되면 점납(點蠟, 동납도로 문양을 그리는 것)을 배우게 되고, 16~17세에는 이미 납염의 명수가 되어 있을 정도이다. 이들의 납염작품은 대칭이 잘 되어 있고, 빈틈없이 가득 차 있을 뿐만 아니라, 매우 소박하다. 또한, 해, 구름, 파도, 동고(銅鼓), 덩굴, 화조충어(花鳥蟲魚) 문양이 다양하게 들어가 있다. 문양의 선은 쌍선으로 간결하게 그려져 있고, 도안은 원형 혹은 십자형을 중심으로 하는 구심식(球心式)으로 되어 있다. 주로 사물들을 연이어 나열한 후에 그 틈새에 사물의 형상을 집어넣었고, 점선을 사방으로 연결하여 장식하였다. 이러한 도안들은 사람들에게 만족감을 줄 뿐만 아니라, 판에 박히지 않는 아름다움을 보여준다.

지방사지(地方史志)에는 혁가에 관한 수많은 기록이 있다. 『귀주통지(貴州通志)』에는 "혁[고대에는 혁(獛)이라고 씀]가는 깊은 산속을 드나들며 사냥을 해서, 짐승의 가죽으로 생계를 꾸린다. 이들을 흘(仡)이라고도 불렀다"라는 기록이 있다. 『황평현지(黃平縣志)』에서는 "혁두(僄兜)는 황평의 토착 민족 중 하나이다. 고대 요족(猺族)은 쪽을 짓고, 반의(斑衣)를 입었으며, 옷을 입을 때 그 끝을

겹쳐서 입었다. 그리고 한 쌍의 고각(鼓角)이 있는 것이 특징이다"라고 하였다. 혁가 난(蘭) 씨의 족보를 보면, "고대 난 씨 일족은 황평의 구주(舊州)에 거주하였다"라는 말이 있다. 혁가의 선조는 깊은 산 속에서 수렵생활을 했기 때문에, 주로 동물 가죽으로 된 옷을 입었다. 이렇게 이들이 가죽으로 생을 지켜나간다는 의미로 이름을 '혁'이라고 하였다.

혁가의 고대 가요인 「파해굉(擺解轟)」의 기록을 보면, 아득한 옛날에는 7개의 태양과 7개의 달이 있어서, 내리쬐는 햇볕으로 인해 곡식이 모두 말라버렸다고 한다. 이를 해결하기 위해 혁가 사람이 용감하게도 '잡호(卡嫭)' 화살을 태양과 달을 향해 쏘았다고 한다. 그가 6개의 태양과 6개의 달을 쏘아 떨어뜨려서, 하늘에는 하나의 태양과 달만이 남게 되었다. 이때부터 백성들은 편안한 생활을 할 수 있었다고 한다. 혁가의 선조들은 이 위대한 영웅을 기념하기 위해 노래를 만들어 대대로 전했다고 한다. 또한, 복식에 '잡호'로 태양을 쏘아버린 쾌거를 기록하기도 하였다. 혁가의 여성들은 첫 아이를 낳게 되면 '축미주(祝米酒)'를 마시는 의식을 성대하게 거행하는데, 이때 「파해굉」을 들을 수 있다. 이는 혁가의 여성이 '잡호'로 태양을 쏜 영웅의 고사를 노래로 경건하게 칭송하는 것이다. 또한, 혁가의 복식 문양에서도 태양을 숭배한 흔적을 찾아볼 수 있다. 민속학자들은 이 고사와 상고신화에 나오는 후예(后羿)가 태양을 쏜 고사는 서로 관계가 있다고 말한다. 혁가 사람들은 자신의 선조인 이 영웅을 끊임없이 추념하고 숭상하기 위해서 그들의 문화 속에 그의 흔적을 남기게 되었다. 『좌씨춘추(左氏春秋)·선공(宣公) 12년』의 기록을 보면, "초자(楚子)가 이르길, 무기를 사용하지 않는 무(武)가…… 무릇 무(武)이다. 폭력을 금지하고 병사를 거둬들이면, 백성들은 편하게 살고 재물도 풍족해진다. 그러면 자손들은 그 공을 잊지 않게 된다"라는 글이 나와 있다. 혁가의 민풍은 무(武)를 숭상하는 것이지만, 그 근원에는 평화를 기원하는 마음이 있다.

혁가 사람은 투구와 갑옷을 항상 곁에 두어서 언제나 준비 태세를 갖추고 있는데, 복식에도 이러한 특징이 잘 반영되어 있다. 청대(淸代) 개토귀류(改土歸流) 이후에 남성의 복식은 바뀌었지만, 여성은 전통복식을 그대로 유지하였다. 혁가 여성들의 복식은 갑옷, 투구의 양식과 유사하고, 또한 그녀들은 은으로 된 무기 장식을 지니고 다녔다. 세밀한 납염 문양이 장식된 혁가 여성들의 복식은 마치 은으로 된 갑옷과 투구를 몸에 걸친 것처럼 보인다. 이것이 바로 혁가 납염복식의 중요한 특

성장(盛裝)한 혁가(僺家) 소녀[황평(黃平)]

징 중의 하나이다.

(3) 오몽산형(烏蒙山型)

오몽산형 납염의 제작자와 사용자는 모두 묘족 서부 지역 방언을 사용하는 한 분파이다. 육지특구(六枝特區) 사알향(梭嘎鄉)의 장각묘(長角苗), 납옹현(納雍縣) 화작향(化作鄉)의 백묘(白苗)와 왜소묘(歪梳苗) 등이 있다. 오몽산형 납염의 특징은 도안이 매우 세밀하다는 것인데, 어떤 것은 세밀하고 짜임새가 있는 것으로 잘 알려진 혁가 납염을 훨씬 더 능가할 정도이다. 납염의 색채도 비교적 풍부한 편이다. 그중에서 백묘와 왜소묘는 일반적으로 남색과 흰색 두 가지만을 사용하였고, 정묘(菁苗)와 장각묘는 홍색·황색·남색·백색 등 다양한 색채를 사용하였다. 오몽산형 납염은 묘족 복식의 소매·옷깃·조끼·앞치마·주름치마·배선 등 일상생활 중에 매우 광범위하게 사용되고 있을 뿐만 아니라, 도화·자수·포첩(布貼, 아플리케) 등에도 응용되고 있다. 도안은 변형된 구이(狗耳) 문양, 호접화(胡蝶花) 문양, 기하형 문양이 주를 이루고, 이외에 기타 동식물 문양도 있다. 오몽산형의 납염 양식은 정교하지만 복잡한 편이다.

오몽산형 납염을 제작하는 각 묘족 분파는 묘족 서부에 있는 방언 지역에 속한다. 이 분파는 종류가 매우 많아서 관련 자료 또한 매우 방대하다. 이러한 이유로 이 책에서도 대표작을 선정해서 신기가 매우 어려웠다. 청대의 『평원주지(平遠州志)』[지금의 직금(織金)]를 보면 다음과 같은 기록이 있다. "화묘(花苗)의 성격은 소박하고 경작생활을 하였다. 그리고 성(姓)이 없는 것으로 유명하다. 남성은 푸른 천을 머리에 두르고, 큰 소매가 달린 짧은 윗옷을 입었다. 여성은 트레머리를 중앙에 하거나 살짝 옆으로 했고, 큰 빗으로 매듭을 지었다. 옷은 납염한 천으로 만들어 입었고, 소매는 5색 실로 수를 놓아 장식하였다. 치마에도 자수 장식을 하거나 붉은 실로 여러 색깔의 천에 테를 두르기도 했다……."[정세량(丁世良)·조방(趙放)(편), 『중국지방지민속자료휘편(中國地方志民俗資料彙編)·서남권(西南卷)』 제495항, 서목문헌(書目文獻)출판사, 1991년] 또한, 『필절현지(畢節縣志)』의 기록을 보면 다음과 같은 글이 있다. "'묘자(苗子)'의 옷은 꽃무늬 천으로 만들어졌고, 소매와 치마에 모두 5색으로 수가 놓여 있거나 붉은색과 초록색 천으로 가장자리를 두르고 있다. 이런 이유로 이들을 '화묘(花苗)'라고 불렀다. 남성은 쪽을 지어서 색실로 묶은 후, 정수리에 빗을 꽂았다. 옷은 앞부분은 짧고 뒷부분은 긴 형태로 생겼다. 옷고름과 단추가 없어서 옷에 뚫린 구멍으로 머리를 집어넣어

화묘(花苗). 청대 서화첩 「칠십이묘전도(七十二苗全圖)」

화묘. 청대 서화첩 「칠십이묘전도」

입었고, 바지의 정강이 부분에는 삼베를 둘렀다. 여성의 옷도 이와 비슷한데, 조금 다른 것은 속바지를 입지 않고 통군(桶裙)을 입었다는 것이다. 머리에는 빗을 꽂았고, 조개로 장식하였다. 이들은 매우 성실하게 삼(麻)을 잘 삼았고, 한시도 쉬지 않는 습성이 있다……."[정세량 · 조방(편), 『중국지방지민속자료휘편 · 서남권』 제491~492항, 서목문헌출판사, 1991년]

사알정묘(梭嘎箐苗)의 여성[육지(六枝)]

현지 조사에 따르면, 육지특구 사알향에 사는 '장각묘'의 복식은 오몽산형 납염으로 만들어진 각 묘족 분파의 복식 중에서도 가장 독특한 특색을 갖추고 있다. 장각묘 여성들의 머리는 거대한 '∞'자 형태의 가발과 1m에 달하는 뿔 모양의 나무 빗으로 장식되어 있는데, 이런 머리 장식을 '대각(戴角)'이라고 불렀다. 이들의 윗옷은 앞은 짧고 뒤는 긴 형태로 되어 있고, 채색된 납염과 도화로 장식되었다. 그리고 아래에는 납염된 주름치마를 입었다. 장각묘의 복식이 수많은 귀주 소수민족과 다른 점은 검서(黔西)의 일부 묘족 분파의 남성들이 입는 성장이 고대의 소수민족 전통을 그대로 유지하고 있다는 것이다. 청대의 '개토귀류' 정책을 따라 완전히 복식을 바꾸지는 않았기 때문에, 장각묘의 남성들은 명절이 되면 주름치마바지를 입었다. 그리고 허리에는 천연색의 도화 허리띠를 둘렀고, 윗옷은 오른쪽으로 옷깃을 여몄다. 이들은 또한 몸에 꼭 끼는 푸른 천의 옷을 입었다. 장각묘의 복식은 매우 특별하고 오래되어서, 인류학자들은 이에 대한 연구를 활발하게 추진할 뿐만 아니라, 전 세계와의 문화교류와 합작을 강화하였다. 1997년에는 중국과 노르웨이가 공동으로 육지특구 사알향에 아시아 최초로 노천 민족문화 생태 박물관을 건립하였다.

(4) 편담산형(扁擔山型)

편담산형 납염의 제작자와 사용자는 모두 포의족(布依族)의 제3지역 방언을 사용하는 포의인(布依人)이다. 포의족 여성들의 옷 · 두건 · 가각(假殼)이라고 불리는 모자는 모두 납염된 천으로 제작되거나 장식되었다. 복식은 몇 가지 고정된 도안을 사용하여 장식하였는데 소매에는 소용돌이 · 동고 · 빛살 · 꽃 · 벼 이삭 문양 등을 사용하였고, 주름치마에는 그물 · 나선 · 점 · 톱니 문양 등을 사용하였다. 포의족 여성들이 입는 복식 중에서 납염은 항상 자수와 직금(織錦)을 함께 사용하였다. 편담산형 납염은 짙은 남색과 옅은 남색의 두 종류 색으로 만들어져, 그 양식이 매우 참신하고 명쾌하다.

밀랍으로 그림을 그리는 진녕(鎭寧) 편담산(扁擔山) 지역의 포의족(布依族) 여성

補籠狆家

在貴陽定番廣順二州南籠安順二府以十二
月朔為大節歲時擊鼓為歡若掘地得銅鼓即
以為先謂武侯南征所遺孝子不食肉唯咬魚蝦
祭亦必用魚焉墓者以傘蓋墓期而後林之其性
慓悍出入帶利刃標槍睢睢盻之仇必報近今禁
誠漸循禮法

보롱중가(補籠仲家), 청대 서화첩 『칠십이묘전도(七十二苗全圖)』

포의족의 선조는 '백월(百越)'족계 중에서도 '낙월(駱越)'의 한 분파이고, 예로부터 반강(盤江)·홍수강(紅水江) 유역 및 그 이북 지역에서 번성하였다. 포의족은 귀주의 토착 민족 중의 하나이다.[『포의족간사(布衣族簡史)』, 귀주인민출판사, 1984년] 포의족은 1953년 이전에는 '중가(仲家)' 혹은 '이가(夷家)'라고 불렸다. 청대 『백묘도(百苗圖)』에 중가에 대한 다음과 같은 기록이 있다. "잡우중가(卡尤仲家)는…… 푸른 옷을 입었다. 여성은 꽃무늬 수건으로 머리를 가렸다. 짧은 옷의 아랫단은 둥글고, 몸에 딱 맞게 재단되었다. 이 옷을 입으면 추위와 더위를 타지 않는다. 구름 문양이 그려진 가늘고 긴 치마에는 서로 다른 색이 엇갈려 있다 ……."[이한림(李漢林), 『백묘도교석(百苗圖校釋)』 제151항, 귀주민족출판사, 2001년] 청대 『영령주지(永嶺州志)』[지금의 관령(關嶺)]를 보면, "중가는…… 옹관(甕管)에서 이전해 왔다. 밭농사를 잘 지어서, 대부분 평평하고 비옥한 평야에 살고 있다. 남성의 복식에는 청백색이 많고, 여성의 복식에는 푸른색이 많다. 푸른 천으로 쪽 지은 머리를 덮었고, 긴 치마에 많게는 20여 폭의 잔주름이 있었다. 허리에는 한 폭의 푸른 천으로 만들어진 띠를 드리웠고, 귀에는 큰 팔찌 같은 귀걸이를 달았다. 성품이 온화하며, 이들은 누각에서 거주하였다. 여성들은 옷을 잘 짰으며……"라는 기록이 있다. 또한, 청대 『안순부지(安順府志)』를 보면 다음과 같은 글이 있다. "중가는…… 상부의 명에 의해 이곳으로 오게 된 장병이 무거운 갑옷(重甲)을 입고 있어서, '중가'라는 이름이 붙여졌다……."[정세량·조방(편), 『중국지방지민속자료휘편·서남권』 제591-592항, 서목문헌출판사, 1991년] 그리고 『포의족간사』를 보면, "포의족은 계곡 지역의 평지를 좋아하여, 항상 물과 가까운 곳에 거주하였다. 벼농사를 짓는 농경 생활을 하여, 사람들은 '종가(種家)'라고도 불렸다……"라는 기록이 있다.[『포의족간사』 제11항, 귀주민족출판사, 1984년]

『송사(宋史)』의 기록에 따르면, 송대에 이미 포의족 사이에는 납염 제작이 성행하였다.[『귀주성지(貴州省志)·민족지(民族志)』, 귀주인민출판사, 1999년] 포의족은 오랜 기간 동안 물이 있는 곳의 근처에 살아서 농업과 어업이 매우 발달하였는데, 그들의 납염 복식에서 이러한 생활환경이 잘 나타나고 있다. 포의족 납염 의상의 소매에는 소용돌이 문양과 물결 문양이 많고, 치마에는 그물 문양이 많은 것이 그 예라고 할 수 있다. 그뿐만 아니라, 씨앗 문양도 포의족 납염 의상에서 흔히 찾아 볼 수 있는 문양이다.

이외에도 다양한 다른 유형의 납염 제작자와 사용자가 있지만, 이 책에서는 더 이상 일일이 소개하지 않겠다.

6. 귀주 민간전통 납염의 예술양식

귀주 민간전통 납염의 예술양식은 독자적으로 한 계파를 형성하고 있을 뿐만 아니라, 그 예술형식은 도안화·장식화·양식화되어 있다. 완벽한 대칭 구조를 이루고, 간략하게 표현된 형상에 다양한 변화를 주고 있다. 주요 도안으로는 추상적인 기하형 문양과 동식물 등 구체적인 형상의 문양이 있다. 이 두 문양이 아름답게 조화를 이루어 완전무결한 예술품을 탄생시키고 있다. 귀주 민간전통 납염은 모두 2차원 공간의 평면도안으로 이루어졌고, 도안을 세밀하게 처리하는 기교가 매우 탁월하다. 이방연속(二方連續, 두 방향으로 중복해서 표현한 것)이나 사방연속(四方連續)의 기법을 매우 잘 활용한 이곳의 예술양식은 한족의 주류 예술양식과는 확연히 달랐다. 귀주의 민간전통 납염은 중국전통문화예술의 다양성을 증명하는 것이다. 또한, 현지 조사에 따르면, 현대 예술가들이 '납염의 영혼'이라고 부르는 빙렬문(氷裂紋)은 모든 종류의 귀주 민간전통 납염 중에서, 예술상의 결함과 싫증에 의해 나타난 것으로 보인다. 납염 제작자들은 지금까지도 이것을 피하고자 온갖 노력을 다하였다. 이것으로 보아, 민간전통예술을 연구하는 학자들은 반드시 예술품의 역사적 언어 환경을 잘 이해해야 한다는 것을 알 수 있다. 민간전통 예술품에 대해 자세한 분석을 해서 작품을 잘못 해석하는 일이 없어야 할 것이다. 납염에 대한 서양의 학술연구 중에서, 이러한 좋지 않은 경향에 대해 비판한 것이 매우 많다. 어떤 서양의 학자는 아프리카 전통 납염에서 보이는 빙렬문은 아프리카의 건조한 기후로 인해 갈라진 땅을 표현한 것이라고 해석했다. 하지만 빅포드[Bickford, K. E., "Review of Tissus d'Afrique", 『African Arts』, 1993, 26(4), pp. 62-68.]는 이것을 민간전통 납염공예의 결함을 억지로 해석한 것이라고 주장하였다. 아래에 각종 유형의 귀주 민간전통 납염의 예술양식을 구분하여 소개하였다.

(1) 월량산형(月亮山型)

월량산형 납염은 폭이 매우 넓고, 회화의 요소를 강조하였다. 기법이 자유분방하고, 도안도 다양하고 과장된 것이 많다. 월량산형 납염 중에서 백령묘(白領苗) 및 백령묘와 잡거한 수족(水族)의 납염은 비교적 생활에 근접했다고 할 수 있는데 복식, 이불보, 침대보, 강보, 보자기 등 일상에서 다양하게 사용되고 있다. 그리고 흑령묘(黑領苗)의 납염은 종교적인 성향이 강조되었다고 할 수 있다. 고장절(牯髒節)에 제를 지낼 때 사용하는 깃발과 의장복을 보면 종교적인 면을 찾아볼 수 있다.

월량산형 납염은 단도식(丹都式)과 흑령묘식(黑領苗式)으로 구분하고, 모두 예술적 완성도가 매우 높으나 그중에서도 단도식 납염이 더욱 그러하다.

1) 단도식(丹都式) 납염

현재 명대(明代) 이전의 단도식 납염 실물자료에 대해 제대로 파악된 것이 없어서, 이 책에서는 이미 수집한 3, 4백 년 정도 된 단도식 납염을 초기 · 중기 · 말기로 구분하여 분석하였다.

① 초기 단도식 납염의 제작 시기는 대략 1900년 이전으로, 그 예술양식이 매우 소박하고 신비스럽다. 이 시기 단도식 납염의 특징은 다음과 같다. 첫째, 동고(銅鼓)예술의 영향을 받아서, 동고의 문양을 근간으로 하여 수많은 납염 문양을 만들어냈다는 것이다. 또한, 기하형 문양의 점유 비율도 비교적 높다. 둘째, 선이 매우 거칠다는 것이다. 그뿐만 아니라 납염 작품에서 흰색 면이 차지하는 비율이 높고, 점으로 도안을 구성한 것이 비교적 많다. 셋째, 그 형상이 매우 소박하다는 것이다. 이 시기에는 동식물 문양을 기하학화 · 개념화하였고, 또한 동식물 문양을 기하형 문양과 유기적으로 결합했다. 넷째, 침구류 중에서 납염된 이불보는 발견되었지만, 납염된 침대보는 아직 발견되지 않았다는 점이다.

② 중기 단도식 납염의 제작 시기는 대략 1900년에서 1950년 사이로, 그 예술양식이 섬세하고 정교하다. 이 시기 단도식 납염의 특징은 다음과 같다. 첫째, 동고문양의 영향이 감소하여, 동고의 원형 도안을 벗어나 내부에서 새로운 변화가 나타나기 시작했다는 것이다. 둘째, 도안할 때 면과 점을 사용하는 것이 점차 줄어들고, 대신 거침없고 섬세한 선으로 도안을 구성하였다는 점이다. 그리고 이 시기에 만자문(萬字紋), 수자문(壽字紋), 반장문(盤長紋) 등이 도안에 등장하기 시작했다. 셋째, 동식물 문양이 비교적 많아졌다는 점이다. 동식물 문양의 종류도 많아지고, 각종 동식물의 특징 묘사를 중시하였다. 넷째, 침구류 중에서 납염된 침대보가 발견되기 시작했다는 것이다.

③ 말기 단도식 납염의 제작 시기는 대략 1950년부터 지금까지로, 그 예술양식이 통속적이고 복잡하다. 이 시기 단도식 납염의 특징은 다음과 같다. 첫째, 동고문양의 구조에서 대체로 벗어났다는 점이다. 원형 도안에 문자, 꽃, 과일 등

초기 월량산형(月亮山型) 단도식(丹都式) 납염

중기 월량산형 단도식 납염

통속적인 문양을 채워 넣기 시작했다. 둘째, 화풍이 자유롭고 변화가 많다는 것이다. 선이 굵기도 하고 가늘기도 하고, 면이 크기도 하고 작기도 하다. 또한, 점 사용이 점차 줄어들어서, 가장자리 도안에서조차도 점을 전혀 사용하지 않았다. 대신에 한자를 도안에 더욱 많이 집어넣었다. 셋째, 동식물의 형상이 나날이 한화(漢化, 한족의 문화에 융합되는 것)하여 있는 그대로 묘사되었다는 점이다. 원래 있던 전통 도안은 점차 감소하여, 꿩 · 물고기 · 용 등 몇몇 종류만 남았다. 대신에 공작 · 봉황 · 금붕어 · 모란 · 포도 등 외지에서 도입된 문양이 대량으로 증가하였다. 넷째, 납염된 침대보가 더욱 유행했다는 점이다. 하지만 일부 사람들은 상점에서 파는 비단 이불보와 꽃무늬 침대보를 사용하기도 했다. 남성들도 더는 '와타'를 입지 않게 되었고, 일부 여성들도 명절과 공식행사를 제외하고는 평소에 한족 복장을 즐기게 되었다. 그뿐만 아니라, 여자아이들이 학교에서 배우는 화랍(畵蠟, 밀랍으로 그림을 그리는 것) 시간조차도 줄어들었다. 이렇게 되자, 전통적인 민족 도안은 고루하다는 비웃음을 받게 되어 점차 사용하지 않게 되었다. 물론 우수한 작품과 화랍 장인은 여전히 존재하였지만, 예전만큼 보편적이지 않다는 것이다.

2) 흑령묘식(黑領苗式) 납염

현존하는 흑령묘식 납염은 명대까지 거슬러 올라가고, 그 예술양식은 초기 · 과도기 · 혁신기로 구분된다.

① 초기 흑령묘의 복식예술에서 납염은 종속적인 위치에 처해 있었다. 제례의식에서 남성 노생수(蘆笙手, 생황수)는 고장복[牯髒服, 백조의(百鳥衣)]을 입었는데, 소매 안쪽이나 윗옷 안감 등에 부분적으로 납염이나 자수 장식을 달았다. 고장절에 제를 지낼 때 사용하던 깃발은 납염으로 만들어진 것이었으나, 고대에는 제를 지낸 후 깃발을 태워서 제물로 바쳤기 때문에 현재 남아 있는 초기의 깃발은 매우 드물다. 초기 흑령묘식 납염은 흑령묘 여성들의 평상복에도 부분적으로 사용되었는데, 앞치마 · 허리띠 · 배선(背扇)과 같은 것이 그 예이다. 이 시기 납염의 예술양식은 종교적인 색채가 강하게 나타나고 있다. 도안에 태양 · 동고(銅鼓) · 지네 · 조두룡(鳥頭龍) · 물고기 · 나방 등 각종 토템의 형상을 그려내고 있는데, 그중에서도 새와 조두룡의 비중이 비교적 높다. 이 시기의 도안은 소박하고 신비스러울 뿐만 아니라, 도안을 비틀고 회전시켜서 보는 이들에게 강렬한 생동감을 느끼게 한다. 하지만 초기 흑령묘식 납염 중에서 아직 인물이나 집과 관련된 도안이 발견된 적은

말기 월량산형(月亮山型) 단도식(丹都式) 납염

백조의(百鳥衣)를 입은 흑령묘(黑領苗)의 노생수(蘆笙手)

자수 납염 고장복(牯髒服)

대체용 납염 고장복

혁신기의 납염 고장복(관광기념품)

없다.

② 1950년대 이후에는 고장절에 밭갈이 소를 대량으로 도살하는 풍습으로 인해서 생산력에 큰 차질을 빚게 되었다. 그래서 정부는 고장절의 거행을 제한하였는데, 1980년대 중반에 들어서야 비로소 그 제한이 풀렸다. 이와 같은 이유로 1950년대 초반부터 80년대 중반까지는 백조의와 제례용 깃발 제작이 단절되는 현상이 나타났다. 1980년대 말에는 관련 부서와 국내외 수집가들이 수집을 위해 흑령묘의 백조의를 대량으로 사들여, 민간에서는 고대 흑령묘의 백조의를 찾아보기 힘들게 되었다. 이로 인해 부족해진 고장복의 수요를 만족시키기 위해 흑령묘는 두 가지 방법을 사용하여 소량으로 대체용 고장복을 만들어냈다. 첫 번째 방법은 기하형 문양의 천연색 직금(織金)으로 고장복을 만드는 것이고, 두 번째 방법은 자수로 된 고대 백조의 문양을 자수 대신 납염으로 사용하는 것이다. 납염 백조의 예술양식은 자수 백조의 양식보다 간소화되었다. 자수 백조의 문양을 복제만 하였을 뿐, 새롭게 창조하지는 않았다. 단지 시간과 노동력을 절약하여 빨리 만들어낼 수 있다는 장점만이 있을 뿐이다. 이 때문에 대체용 고장복은 수집가들의 관심을 받지는 못했다.

③ 고대 백조의의 명성이 높아지자 관광객과 수집가들의 구매 욕구 또한 높아져서, 백조의 판매량과 수입이 늘어나게 되었다. 그러자, 흑령묘의 납염 장인은 현대 농민 화가의 지도를 받아 현대 농민화(農民畵)와 전통 문양을 결합한 납염 장삼(長衫)과 깃발을 창작해냈다. 또한, 이때 처음으로 인물, 건축 등의 혁신적인 도안과, 태양, 달, 물고기 등의 한화(漢化) 도안이 출현하게 되었다. 이 예술양식은 전통 납염에 비해 현실적이고 통속적일 뿐만 아니라 생동감이 있다. 이러한 종류의 납염과 전통 도안은 매우 자연스럽게 결합하였다. 하지만 선은 전통 납염에 비해 훨씬 더 세밀하다. 귀주 민간 납염은 전통문화와 현대 상품경제가 결합한 형태로, 이렇게 제작된 장삼은 관광객들에게 기념품으로 판매되고 있다.[양문빈(楊文斌)·양책(楊策), 『묘족전통납염(苗族傳統蠟染)』, 귀주민족출판사, 2002년] 하지만 이것을 연구하는 학자는 과거 수십 년간 흑령묘가 이런 종류의 납염 의상을 착용한 것을 전혀 본 적이 없다고 말했다. 어떤 인류학 이론에서는 외부 세력이 민족문화의 발전·접촉·연구·보존·개발에 대해 영향을 끼칠 수 있다고 주장했다.[Cohen, E., "Sociology of tourism: Approaches, issues, and findings", 『Annual Review of Sociology』, 1984. 10, pp. 373-392 : Cohen, E., "The commercialization of ethnic crafts", 『Journal of Design History』, 1989, 2(2/3).

pp. 161-168] 흑령묘식 납염예술양식의 발전과 변화는 이런 상호적 이론을 반증하고 있다.

(2) 비운산형(飛雲山型)

현존하는 비운산형 납염은 약 2백 년 전의 것으로, 고대 남성의 복식에서는 이런 형태를 찾아볼 수가 없다. 그 이유로 혁가(僵家) 역사상 전란이 많았던 것과 '개토귀류(改土歸流)'의 영향을 받았던 것을 들 수 있지만, 이것은 단지 추론일 뿐이다. 비운산형 납염의 예술적 성과는 매우 높고, 그 예술양식을 전기와 후기로 구분할 수 있다.

① 전기 비운산형 납염의 제작 시기는 대략 1950년대 이전이다. 당시 혁가는 직접 짠 삼베나 면포를 납염의 바탕천으로 사용하였다. 그리고 날줄과 씨줄이 거친 편이었고, 천연 청람(靑藍)염료를 사용하여 염색하였다. 이러한 재료와 제작상의 제한은 혁가의 납염 예술양식에 다음과 같은 영향을 초래하였다. 전기 비운산형 납염의 구도는 대체로 드문드문한 편이다. 남색 부분이 차지하는 비중이 높은 편이었고, 흰색 부분도 비교적 크게 자리 잡고 있다. 문양은 간략하고 세련된 형태로 구성되었고, 도안의 종류도 적은 편이다. 주요 문양으로는 동고(銅鼓)·참새·나방·화초·권초(卷草, 말려 있는 풀잎), 덩굴 등이 있다. 전기의 동고 문양은 동고의 기본 특징을 그대로 유지하였고, 돌돌 말린 훈문(暈紋)으로 중심 도안을 둘러쌌다. 문양의 둘레는 가시 문양으로 장식하였다.

② 후기 비운산형 납염의 제작 시기는 대략 1950년대 전후로, 혁가에 의해 납염을 제작할 때 사용하는 재료와 제작법이 개선되었다. 매우 가는 날줄과 씨줄로 된 모조 포플린을 바탕천으로 사용하였고, 시장의 염색 공방에서는 유화람(硫化藍)과 오배자(五倍子) 등 현대화된 염료로 염색하였다. 이 당시 납염의 수준은 크게 향상되어 매우 섬세하게 제작되었다. 후기 비운산형 납염의 구도는 매우 세밀하고, 흰색이 점유하는 비율이 높은 편이다. 그리고 과장되게 변형된 구상(具象) 도안이 많이 나타났고, 도안 안에 가늘고 작은 점·선·면을 가득 채워 넣었다. 또한, 도안에 각종 동식물의 특징을 비교적 상세하게 표현하였고, 도안 종류도 매우 풍부하였다. 수탉·바위독수리·제비·화미조(畵眉鳥)·참새·나방·나비·누에고치·누에·고구마벌레·물고기·게·복숭아·석류·동고 등이 있고, 각종 화초와 기하형 문양도 있다. 후기의 동고 문양은 동고의 외형을 그대로 간직하고 있고, 내부에는 여러 동식물 도

초기 혁가(僵家) 납염

말기 혁가 납염

안으로 채워졌다. 문양 이외에 테두리에 장식했던 가시 문양을 부드러운 곡선으로 간결하게 변형시켰다. 후기의 비운산형 납염에는 박쥐와 유사한 문양이 많이 있다. 외부 사람들은 이것을 한문화(漢文化)의 영향을 받은 것으로 여기고 있다. 하지만 혁가의 납염 제작자들은 박쥐를 상서로운 동물이라고 여기지 않기 때문에, 이 문양을 그다지 좋아하지 않았다. 혁가의 납염 중에서 박쥐와 유사한 문양은 사실 누에나방을 변형한 것이다.

전기와 후기를 막론하고, 비운산형 납염 예술의 최대 성과는 동식물 형상을 추상화, 기하형화하거나 기타 기하형 문양을 자연스럽게 융화시킨 것이라고 할 수 있다. 이러한 현상은 장식의 독특한 품격을 형성하게 되었다.

(3) 오몽산형(烏蒙山型)

오몽산형 납염의 예술양식은 예나 지금이나 대체로 비슷하다. 독특한 점은 납회(蠟繪. 밀랍으로 그린 것) 도안이 매우 세밀하다는 것인데, 그 정도가 세밀하기로 유명한 혁가의 납염보다 훨씬 낫다. 이것은 납회 기술의 기적이라고 할 만하지만, 예술성과 면에서 두드러지지는 않는다. 오몽산형 납염의 또 다른 특징은 채색 납염이 있다는 것이다. 주로 붉은색·노란색·옅은 남색을 사용하였고, 도화·자수·포첩(布貼)을 결합하여 복식 장식에 사용하였다. 오몽산형 납염은 도안을 그릴 때, 먼저 네모난 틀로 선을 그어 구분한 후에 안쪽을 나비·꽃·소의 눈·개의 귀 등의 자질구레한 도안으로 채워나갔다. 도안 그림에 흰색이 차지하는 비중이 매우 높고, 머리카락처럼 가는 남색 바탕이 겨우 보일 뿐이다. 오몽산형 납염 제작자들에 따르면, 이런 형식은 치우(蚩尤)와 황제(黃帝)가 전쟁을 벌인 후에 묘족의 선조들이 중원에 있던 그들의 고향을 빼앗긴 것을 되새기기 위해 생겨난 것이라고 한다. 고향이라는 말 속에는 사방에 있던 성지(城地)와 가옥, 종횡으로 뻗어 있던 도로, 넓고 평평한 전원(田園), 무성한 작물, 무리를 이루고 있는 가축들을 모두 포함한다. 전해 내려오는 말에 따르면, 오몽산형 납염 의상의 사각형 도안은 전쟁 중에 유실된 '묘왕인(苗王印)'의 인문(印文. 찍어 놓은 도장의 흔적)을 추억하기 위함이라고 한다. 그리고 여성들의 납염 치마에 있는 꽃 테두리는 묘가(苗家)를 옮기는 중에 지나갔던 한 줄기 강을 추억하기 위한 것이라고 한다. 오몽산형 납염의 예술양식은 대부분 우울하고 비통한 것으로, 유쾌하고 생동감 있는 월량산형 납염과는 분명

세밀한 오몽산형(烏蒙山型) 납염[직금현(織金縣)]

한 차이를 보이고 있다.

(4) 편담산형(扁擔山型) 및 기타

편담산형 납염은 모두 포의족(布依族)이 제작하고 사용한 것으로, 예나 지금이나 예술양식의 변화가 적다. 구도가 매우 정연하고, 선의 균형이 잘 잡혀 있다. 점·선·면이 잘 결합하여 있으나, 도안의 종류는 많지 않다. 양식화된 소용돌이·물결·구름과 천둥·빛·어망·동고·씨앗·벼이삭·배꽃가시·양치식물 및 각종 기하형 문양이 있다. 하지만 동물 문양이 극히 적고, 식물 문양은 간략하게 표현되었다. 또한, 이 방연속 도안이 비교적 많다. 편담산형 납염은 그 예술양식이 참신하고 단순하다. 도안의 다양한 변화는 비운산형 납염과 분명한 차이를 보인다.

안순(安順) 일대의 묘족 민간전통 납염의 특징은 붉은색·노란색·짙은 남색·옅은 남색·흰색 등 채색된 납염이 비교적 많다는 것이다. 도안도 까치·화미조·비둘기·잉어·나비·매화·연꽃·석류·복숭아 등의 동식물 문양과 기하형 문양이 많고, 그 양식도 비교적 평범하고 한화(漢化)되어 있다. 하지만 안순의 민간전통 납염과 현재 시장에 나와 있는 상품화된 안순 납염은 완전히 다른 예술양식으로 만들어졌다. 후자는 현대의 납염공장에서 시장의 수요에 따라 대량으로 제작된 옷감과 관광기념품이므로, 예술적인 면에서 귀주의 민간전통 납염과는 관련이 거의 없다.

7. 귀주 민간전통 납염 문양에 대한 해석

고대에 수족(水族)과 이족(彝族)을 제외한 귀주의 각 소수민족은 문자가 없었다.[『귀주성지(貴州省志)·민족지(民族志)』, 귀주인민출판사, 2001년] 그들의 역사와 전통은 구전(口傳)과 직접적인 전수를 제외하고는 모두 자수나 납염 등과 같은 예술적 운반체를 통해 도안으로 기록하여 전수하고 있다.[안정강(安正康)·장지이(蔣志伊)·어신지(於信之)(편), 『귀주소수민족민간미술』, 귀주인민출판사, 1992년] 그래서 귀주 민간전통 납염의 도안은 '예술을 위한 예술'이 아닌 순수 예술이며, 그 속에 심오한 문화적 의미를 내포하고 있다. 인류학자는 그 속에서 민족의 역사, 종족의 정체성, 신화와 전설, 정치제도, 조직구조, 생산방식, 조상과 자연의 숭배, 종교의 개념과 의식, 결혼, 출산, 남녀관계 등 각 방면의 정보를 얻을 수 있다고 한다. 다음에서는 귀주 민간전통 납염의 각종 문양에 대한 구체적 함의

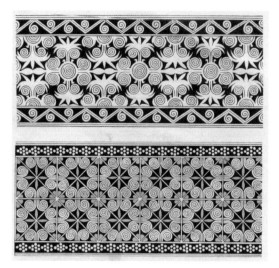

포의족(布依族) 소매의 납염 도안[보정현(普定縣)]

묘족(苗族)의 채색 납염 배선(背扇)[안순시(安順市)]

월량산형(月亮山型)의 단도식(丹都式) 납염 중 새의 문양

나비 문양과 척우조(鶺宇鳥) 문양이 있는 납염 이불보

를 소개하고 있다.

현지조사에 따르면, 단도식(丹都式)으로 납염을 제작하는 백령묘(白領苗)는 스스로 '알뇨(嘎闹)'라고 부르고 있다. 묘족(苗族)의 언어로 알뇨의 '알(嘎)'은 접두사로 특별한 의미는 없다. 아가(阿哥, 형·오빠)나 아매(阿妹, 여동생)의 '아(阿)'와 같은 것이다. '뇨(闹)'는 새를 나타낸다. 어떤 학자의 연구에 따르면, '알뇨'는 '어머니'라는 속뜻이 있다고 한다.[반조림(潘朝霖)·위종림(韦宗林)(편), 『중국수족문화연구(中國水族文化研究)』, 귀주인민출판사, 2004년] 단도식 납염 중에는 새의 문양이 특히 많다. 그들은 새를 그렇게 많이 그리면서 왜 사람은 하나도 그리지 않는 것일까? 이 질문에 대한 대답은 백령묘의 여성들조차도 모른다. 그녀들은 단지 선조들이 그렇게 그렸기 때문에 자신들도 따라서 그릴 뿐이라고 대답한다. 검동남주(黔東南州) 단채현(丹寨縣) 배말채(排末寨)의 노귀사(老鬼師) 구왕우당(構王牛黨) 선생은 "새는 사람의 혼이 담긴 동물이다! 그런 의미에서 새를 그리는 것은 사람을 그리는 것과 같지 않은가?"라고 하였다.

새는 백령묘의 토템이자 씨족의 상징으로, 그들은 '알뇨'를 '새의 후예'라고 여긴다. 묘족의 검동(黔東) 방언 지역에 대대로 전해 내려오는 묘족의 서사시인 「묘족고가(苗族古歌)」 중에서 새는 중요한 역할을 하고 있다. 그 시의 내용을 살펴보면 다음과 같다.

묘족에게는 신(神)으로 받드는 단풍나무가 있었는데, 어느 날 갑자기 나무의 윗부분은 척우조(鶺宇鳥)로, 중간 부분은 나비어머니[蝴蝶媽媽]로, 뿌리 부분은 동고(銅鼓)로 변하였다. 후에 나비어머니는 12개의 알을 낳게 되는데, 척우조가 그 알을 16년간 힘겹게 품어 결국에는 부화를 시켰다. 부화한 알에서 뇌공(雷公, 천둥을 관장하는 신), 용, 호랑이, 소, 뱀, 코끼리, 지네와 묘족의 조상인 강앙(姜央)이 나왔다. 나머지 4개의 알은 썩어서 귀신으로 변하였다. 여기서 새와 나비는 같은 것으로, 인류의 어머니 형상으로 나타나고 있다.

이후 뇌공과 강앙 사이에 충돌이 발생하자, 홍수가 나서 대지가 모두 물에 잠기게 되었다. 이때 강앙의 아들과 딸은 조롱박 속에 숨어 재난을 피할 수 있었다. 물이 점점 빠지면서 아이들이 숨어 있던 조롱박은 높은 산의 절벽에 좌초되었으나, 다행히도 바위독수리가 아이들을 등에 태워 땅으로 내려다 주었다. 후에 이 아이들은 결혼해서 자손을 낳게 되었다. 여기에서도 새는 인류를 구원해 주는 구세주 역할을 하고 있다.

또 그 후에, 하늘에는 12개의 태양과 12개의 달이 동시에 나타나게 되었다. 수많은 태양이 뜨겁게 내리쬐어서 사람들은 살 수가 없을 정도였다. 이때 한 용사가 나타나 11개의 태양과 11개의 달을 모두 쏘아 떨어뜨리자, 마지막으로 하나씩 남은 태양과 달이 놀라서 숨어버렸다. 그러자 세상은 암흑 속에 잠기게 되었다. 이에 놀란 사람들은 각종 동물에게 태양과 달을 다시 불러달라고 호소했지만 아무도 성공하지 못했다. 하지만 아름다운 깃털과 목소리를 가진 수탉이 태양과 달을 부르자 다시 나타나게 되었다. 이때부터 사람들은 평온한 생활을 할 수 있게 되었다고 한다. 여기에서도 새가 또 한 번 인류를 구원하였다.

수탉 문양이 있는 납염 보자기[包袱布]

단도식 납염에서 자주 볼 수 있는 새 문양을 '뇨(闹)'라고 하는데, 이것은 새를 통칭하는 말일뿐만 아니라, 참새를 가리키는 말이다. 이외에도 뉴(扭)-꿩, 아잡(啊卡)-까치, 아(啊)-까마귀, 구오(勾乌)-부엉이, 사(舍)-바위독수리, 뇨규(闹科)-화미조, 뇨배유(闹背有)-박새, 뇨서리(闹西里)-산사(山楂) 참새, 파귀(爸归)-수탉, 미귀(咪归)-암닭, 알(嘎)-오리, 각(丢)-거위, 강우(刚羽)-기러기 혹은 백조, 뇨격(闹格)-제비, 뇨미(闹咪)-소미작(小米雀) 혹은 동박새, 뇨구알류(闹久嘎流)-뻐꾸기, 주지(丢地)-앵무새 등이 있다. 근래에 나타난 공작과 봉황은 외지에서 온 형상이다. 단도식 납염에 나타난 새의 도안은 초기에는 비교적 간단한 기법으로 표현되었지만, 새와의 공통성은 갖추고 있다. 이후에 납염예술이 발달하게 되자, 백령묘의 여성들은 각종 새를 세밀하게 관찰하게 되었다. 그래서 중기의 단도식 납염에는 새의 구체적인 형태와 특징이 잘 나타나 있다. 또한, 실제 모습에 더욱 근접해 있고, 개성도 두드러져 보인다.

단도식 납염을 제작한 수족은 월인(越人)의 '도작어로(稻作漁撈, 농업과 어업)' 문화를 계승하여, 물고기를 특별하게 여기고 있다. 물고기는 수족의 각종 관혼상제(冠婚喪祭) 의식에서 빠질 수 없는 것으로, 단도식 납염에서 흔히 볼 수 있는 도안 중의 하나이다. '어포구채(魚包韭菜, 생선 뱃속에 부추를 넣어 만든 음식)'는 수족이 조상에게 제를 지낼 때 공물로 바치는 음식으로, 애인끼리 사랑의 징표로 선물하기도 했다. 수족의 선조들이 동남 연해를 떠나 북상할 때, 남아 있는 어른들이 새로운 정착지를 찾아 먼 길을 떠나는 사람들에게 물고기의 뱃속에 9종류의 약초를 넣어 선물했다고 한다. 만약 가는 도중에 기근이 발생하면, 이 음식을 먹어 열량을 보충했다고 한다. 수족의 선조들은 이렇게 물고기를 먹고 생명을 유지해 가며, 결국에는 월량산(月亮山) 지역과 도류강(都柳江) 상류에서 비옥한 땅을 발견하게 되었다. 이때부터 수족의 선조들은 그 땅에 거주하기 시작했다고 한다. 후에 9종류의 약초 대신에 부추를 사용하여 '어포구채'를 만들었고, 이 음식은 수족의 가장 진귀한 요리가 되었다.

이 지역에 있는 투어(鬪魚, 버들붕어)는 단도식 납염에서 자주 보이는 것으로, 묘족의 언어로 '연파필(然把筆)' 혹은 '연배뇨(然背閙)'라고 부른다. 투어는 생명력이 강하고 아름다운 작은 물고기로, 차가운 물로 채워진 높은 산의 계단식 논에 산다. 심지어 이 물고기는 가뭄이 들 때도 진흙에 들어가서 생존할 정도로 생명력이 강하다. 7cm도 안 되는 작은 물고기지만, 성격이 매우 용맹스럽고 강직하다. 종종 자신보다 훨씬 큰 물고기를 공격해서 이기기도 한다. 투어의 눈은 붉은 보석과 같고, 넓고 평평한 몸에는 알록달록한 줄무늬가 있다. 꼬리에는 공작 깃털에 있는 눈과 같은 문양이 있고, 주름치마 같은 긴 꼬리와 지느러미를 가지고 있다. 단도 일대의 한족이 투어와, '염색하고 자수를 놓은 오색 의상'으로 성장한 묘족 여성을 서로 비교하는 것도 잘못된 것은 아니다. 그들은 또한 이 물고기를 '묘파어(苗婆魚)' 혹은 '묘하어(苗河魚)'라고 부른다.

'연파필' 외에 '연구(然構, 메기)'도 단도식 납염에서 흔히 볼 수 있는 문양이다. '연(然)'은 묘족의 언어로 물고기라는 뜻이고, '구(構)'는 할아버지를 나타낸다. 메기의 긴 수염 때문에 사람들은 메기를 물고기 중에서 가장 나이가 많다고 여겼다. 그래서 이 물고기를 '용(甬, 용(龍)의 원래 형태)'이라고 하였다. 단도식 납염 중에 보이는 용(龍)의 형상은 한족의 것과는 다르다. 그뿐만 아니라 시동묘(施洞苗)의 자수에 있는 '우두룡(牛頭龍)'과도 다르다. 이 형상은 긴 꼬리와 큰 입을 가진 메기 같기도 하고, 때로는 온순한 작은 미꾸라지 같기도 하다.

이외에 단도식 납염의 도안 중에는 연리(然里)-잉어, 연백(然伯)-붕어, 연주(然丟)-각어(角魚, 빨복), 연알(然戛)-파지어(巴地魚),…… 등 수많은 물고기 형상이 있다.

묘족과 수족 내에 있는 서남(西南) 소수민족에게 가장 중요한 것은 예로부터 신성한 제기(祭器)와 예기(禮器)이자 악기(樂器)인 동고(銅鼓)이다. 마치 상·주대(商·周代) 화하(華夏, 중국의 고대 명칭)의 정(鼎, 예기로 왕권을 상징함)과 같은 것이다. 후에 동고는 권력의 상징으로 의미가 약화되었다. 묘족 언어로 동고는 '우과(牛果)'라고 하였고, 묘족 사람들의 무덤 양옆에 놓는 비석에 동고의 형상을 새겨 넣기도 했다. 이는 무덤의 주인이 존귀하고 지위가 대단하다는 것을 나타내는 것이다. 동고 문양도 단도식 납염의 핵심 문양이기 때문에, 종종 도안의 중심에 사용되기도

메기 형상을 한 용 문양

미꾸라지 형상을 한 용 문양

하였다. 일부 이불의 겉감에는 새와 각종 동식물 문양이 동고를 둘러싸고 있는 형태를 보이기도 한다. 또한, 장례 때 쓰는 수피(壽被, 수세포)에도 죽은 사람을 존중한다는 의미로 동고의 문양을 넣기도 했다. 중·후기의 단도식 납염 중에서 동고 문양에 변화가 생기기 시작했다. 사람들이 실제 동고 문양을 완벽하게 모방한 것은 아니어서, 동고의 외형에 약간의 동식물 문양을 채워 넣게 되었다.

묘족과 수족의 수많은 전설과 신화 속에 등장하는 것들은 사람들이 자주 보는 동식물이었다. 바로 이런 것들이 단도식 납염의 전통 문양으로 구성되었다. 예를 들어, 동물 중에서 '급파묘략(給巴丁略)'은 나비로 묘족 여자 조상의 형상을 하고 있다. '사(嘎)'는 개로 반호(盤瓠, 신화 속 인명)를 숭배하던 유물을 나타낸다. '격가(格可)'는 지네로 인류의 형제와 원수를 나타낸다. 이외에도 개흉(蓋胸)·개파(蓋擺)-개구리와 두꺼비, 격만구(格萬甌)-소금쟁이, 격대창(格大槍)-물거미, 격우(格尤)-잠자리, 격마(格瑪)-잠자리 유충, 구하(夠蝦)-귀뚜라미, 양량립(兩兩立)-매미, 소(魋)-호랑이, 마(麼)-고양이 등이 있다. 식물 중에는 파략(擺略)-연꽃, 사류(些流)-석류, 파성(擺省)-복숭아꽃, 파본(擺本)-배꽃, 파와(擺哇)-앵두나무 꽃, 파유(擺有)-동자화(桐籽花), 정개(正介)-포도가 있고, 각종 들꽃은 '파류(擺流)'라고 하고, 풀은 '앙(仰)'이라고 한다. 그중에서도 석류와 포도는 자손의 번성을 상징하였는데, 연대가 비교적 오래된 납염에는 석류를, 가까운 연대의 납염에는 포도를 자주 사용하였다. 왜냐하면 포도가 이 지역에 도입된 것이 오래되지 않았기 때문이다.

단도식 납염 중에는 같은 줄기에 서로 다른 꽃이 피어 있는 것을 자주 볼 수 있다. 연꽃과 국화가 한 줄기에 피어 있는 것이 그 예이다. 그뿐만 아니라 다른 과일이 한 뿌리에 달린 것도 볼 수 있는데, 복숭아와 석류가 하나의 뿌리에 열려 있는 것이 바로 그 예이다. 이것은 행복과 아름다움을 상징하고, 많은 자손과 장수를 나타내기도 한다. 그래서 민간의 납염 장인은 이러한 금상첨화(錦上添花)의 기법으로 도안의 효과를 극대화하였다. 이외에도 단도식 납염에서는 꽃 속의 꽃다발, 과일 속의 과일 무더기, 과일 속에 있는 꽃, 꽃 속에 있는 과일, 나뭇잎 속에 핀 꽃, 꽃 속에 자라난 잎의 도안 등이 있다. 심지어 동물의 몸에서 자라난 식물, 식물에서 배양된 동물 등 동물과 식물이 합체된 도안도 있다. 이것은 단도식 납염의 제작자들이 미(美)를 극대화시키고, 왕성한 번식을 기원하기 위해 만든 것이다. 여기에는 "모든 사물에 영혼이 있

다양한 동식물 도안이 있는 납염 이불보[被面]

식물 속에 동물이 배양되고 있는 도안

물결 문양이 있는 장례용 수세포[壽被] 도안(부분)

다(萬物有靈)"라고 하는 원시 종교의 개념이 반영되었다. 즉, 각종 동물, 식물, 무생물 모두에게 영혼이 있다는 것을 나타낸다. 그뿐만 아니라 이들 사이는 상호 전환이 가능하다는 의미도 있다.

또한, 단도식 납염 중에서 기하형 문양도 자주 볼 수 있다. 파격걸(擺恰傑)-구름 문양, 격내이(恰耐耳)-물결 문양, 구륵다(夠勒多)-화염 문양 및 흔히 볼 수 있는 말굽 문양이 그 예이다. 이 문양들도 모두 특별한 의미를 내포하고 있다. 물결 문양은 묘족이 거주지를 이전하던 중에 강을 건너간 일을 기념하는 것이고, 말굽 문양은 부귀와 권세가 있는 사람이 커다란 말을 타는 것을 상징한다.

성장(盛裝)을 할 때 입는 옷의 소매와 깃고대에 있는 나선(螺旋) 문양에 대해서는 해석이 분분하다. 표우제(剽牛祭, 풍년을 기원하는 제례의식)를 지낼 때 제물로 바치는 소머리 위의 털이 돌돌 말려있는 것을 상징한다고 말하는 사람이 있고, 생명을 구하는 약초인 '기기두(機機豆)'의 형상이라고 하는 사람도 있다. 혹은 동고의 도안을 모방한 것이라고도 하고, 거주지를 이전하면서 강을 건널 때 소용돌이를 만난 것을 형상화한 것이라고도 한다. 이처럼 갖가지 해석이 모두 현저한 차이를 보이고 있다. 해석은 각각 다르지만, 이 나선 문양을 '와타(窩妥)'라고 부르는 데는 모두 같은 의견을 보이고 있다.[안정강·장지이·어신지(편), 『귀주소수민족민간미술』, 귀주인민출판사, 1992년] 현지조사에 따르면, 묘족 민간에서는 '와타'를 '납염된 꽃무늬 의상'이라고 풀이한다. 이것은 참으로 경이로운 일이다. 묘족 민간에서 '모타(毋妥)'는 납염용품을, '파타(擺妥)'는 납염 침대보를, '알미붕타(嘎迷朋妥)'는 납염 이불보를 말한다. 이러한 해석법은 단채현 배말채의 노귀사 구왕우당 선생과 '수서(水書)선생'으로 불리는 원리패(阮理霸) 선생의 긍정적인 평가를 받았다. 두 선생은 이러한 나선 문양은 전설 속 나비어머니의 깃털 그림을 모방한 것이고, 이런 문양이 그려진 옷을 차려입는 것은 조상들을 추념하기 위한 것이라고 덧붙여 설명했다.

흑령묘식(黑領苗式) 납염을 제작하는 흑령묘와, 단도식(丹都式) 납염을 제작하는 백령묘(白領苗)는 같은 계열로, 모두 묘족 중부의 방언인 남부 사투리를 사용한다.[양문빈(楊文斌)·양책(楊策), 『묘족전통납염(苗族傳統蠟染)』, 귀주민족출판사, 2002년] 현지조사에 따르면, 그들의 역사 속 신화와 전설은 상당히 유사할 뿐만 아니라,「묘족고가」는 그들의 공통 역사시라고 할 수 있다. 이러한 이유로 단도식 납염에서 나타나는 형상이 흑령묘식 납염에도 나타나고

있다. 새·나비·물고기·동고·태양 등에서 나타난 이미지
는 서로 다르지만, 그 속뜻은 유사하다. 하지만 흑령묘식 납
염과 단도식 납염 속에 나타난 두 종류의 동물 형상에는 중
요한 차이점을 발견할 수 있다. 그 두 동물의 형상은 바로 조
두룡(鳥頭龍)과 오공룡(蜈蚣龍)이다. 용은 단도식 납염에서는 물고
기의 형태가 변화한 것이고, 흑령묘식 납염에서는 새의 형태
가 변화한 것이라서 새의 머리에 용의 몸을 하고 있다. 오공
룡은 단도식 납염 속에서 우연히 나타난 것이다. 도안에서 단
지 공백을 메우는 역할을 할 뿐, 전체적으로 점유 비중이 매
우 낮다. 하지만 흑령묘식 납염 중에서는 가장 중요한 도안
중의 하나로 평가되고 있다. 오공룡의 형상도 용의 형상과 맞
먹을 정도로 표현되었다. 이것으로 보아, 흑령묘의 납염이 백
령묘의 납염보다 훨씬 더 원시 토템의식을 잘 유지하고 있다
는 것을 알 수 있다.

흑령묘(黑領苗) 납염 중의 태양, 새, 오공룡(蜈蚣龍)

　비운산형(飛雲山型) 납염의 문양은 고대 혁가(僙家)의 무를 숭상
하는 전통과 그들의 어렵잠상(漁獵蠶桑, 어업·수렵·양잠)의 생활방식
을 잘 반영하고 있다. 혁가의 납염 자수 성장은 혁가 언어로
'아리타(阿里安)'라고 하고, 그 모습이 마치 고대의 갑옷과 투구
를 닮았다. 혁가 여인들의 머리에는 궁노(弓弩, 활과 화살)와 같은
머리띠와 우전(羽箭, 화살 끝의 깃털)과 같은 은비녀가 꽂혀 있다. 또
한, 붉은색의 모자 꼭대기는 마치 태양과 같다. 이것은 혁가
에서 전해 내려오는 '잡호(卡傃)'로 태양을 쏜 고사를 상징한
다. 출산하지 않은 여성은 붉은색 띠로 은고(銀箍, 은목갑이)를 덮
어씌웠고, 출산한 여성은 붉은색 띠를 하지 않았다. 대신에
붉은 천을 둘렀고, 머리카락을 정수리로 끌어올려서 묶었다.
이렇게 상투 위에 두고(頭箍)를 쓴 것이 마치 투구를 쓴 것과
같이 보였다. 두고 아래에 쓰는 '홀두모(仡兜帽)'는 납염 두건인
'파파야화(帕帕也火)'로, 머리와 두 귀를 모두 덮는 형태였다. 이
들의 모습은 마치 투구 위에 목과 귀보호대를 쓴 것과 같았
다. 혁가 여성들은 사각형과 모서리각이 분명한 납염과 자수
로 된 '알리파동(嘎里把棟)'을 입는데, 이 옷은 몸을 보호하는 갑
옷과 비슷하게 생겼다. 이와 함께 방패 형태의 납염 가슴 보
호대와 배패(背牌, 등에 다는 장식), 손목 보호대처럼 생긴 납염 자수
소매장식이 있다. 아래에는 샅 보호대처럼 생긴 허리띠인 '위
약타(圍約拖)'를 두르고, 무릎까지 오는 주름치마인 '점등(墊凳)'을
입었다. 여기에 조퇴(市腿)처럼 생긴 방퇴(綁腿, 각반)를 둘러서, 마
치 완전무장을 한 고대 무사처럼 보인다. 혁가 납염의 문양은
동고 문양이 많다. 이외에도 알룽(嘎攏)-곤충, 알매(嘎枚)-우렁

동고(銅鼓) 문양이 있는 혁가(僸家)의 사각수건[方帕]

화조(花鳥) 문양이 있는 혁가의 사각수건

누에벌레와 누에나방 문양이 있는 혁가의 사각수건

이, 공알(拱嘎)-청개구리, 예(鋭)-물고기, 알구(嘎鳩)-게, 독앙(毒昻)-용, 몰지(沒枝)-나비, 동룡(棟龍)-참새, 나흉(羅胸)-화미조, 동알(棟嘎)-염주비둘기, 나동(羅柬)-바위독수리, 용파리(龍把里)-제비, 해(該)-닭, 지기문(只寄文)-석류, 자나(紫那)-복숭아 등이 있다. 이 중에서도 가장 많이 보이는 누에벌레·누에고치·누에나방의 형상은 매우 독특한 형태를 띠고 있지만, 다른 납염에서는 그다지 많이 사용되지는 않았다. 이것은 혁가 여성들이 양잠과 비단 직조에 능하다는 것을 반영한 것이다.

오몽산형(烏蒙山型)과 편담산형(扁擔山型) 납염 문양의 의의는 이미 이 책의 앞부분에서 언급했기 때문에 여기서 다시 거론하지는 않겠다.

8. 귀주 민간전통 납염의 소수민족 생활 속에서의 위치 와 작용

납염은 귀주의 수많은 소수민족 생활영역 속에 이미 자리를 잡고 있다. 연애와 결혼, 출산, 장례, 제사, 명절, 의례 등 일상생활 속에서 입고 사용하는 모든 것이 납염과 밀접한 관련이 있다. 특히 소수민족의 여성들은 납염을 매우 중요하게 여기고 있다. 소수민족은 한 여성의 가치를 네 가지 관점으로 평가한다. 첫째는 여성 집안의 경제적 능력이고, 둘째는 여성의 생식 능력이다. 셋째는 여성의 노동 능력이고, 마지막은 여성의 재능과 기예이다. 재능과 기예 중에는 납염을 제작하는 기술이 큰 부분을 차지하고 있다.[왕항부(王恒富), 『묘장(苗裝)』, 인민예술출판사, 1992년] 집안이 가난하거나 외모가 아름답지 않은 여성은 스스로 열심히 납염 기술을 연마하여 자신의 가치를 인정받기도 했다. 납염 기술은 심지어 사회적 지위와 경제적으로 형편이 걸맞는 집안끼리 통혼하는 조건도 변화하게 만들었다. "뛰어난 기교를 자랑하는 기술"은 찾아볼 수가 없었고, 오히려 "해마다 빚으로 고통받고, 남의 집 결혼식 옷만 짓는(苦恨年年壓金錢, 爲他人作嫁衣裳)"[남당(南唐)의 시 「빈녀(貧女)」의 한 구절] 비참한 현상만이 나타났다. 납염 기술은 사회의 다른 계층 간의 교류를 촉진하는 중요한 역할을 했을 뿐만 아니라, 여성의 사회적 가치를 판단하는 다양한 기준을 마련하였다. 이러한 현상은 평등을 핵심 가치로 여기는 현대의 여권주의자들이 연구할 만한 가치가 있는 것이다. [Alexander, M. J., & C. T. Mohanty (Eds.), 『Feminist genealogies, colonial legacies, democratic future』, NewYork: Routledge, 1997 ; Trinh, T. M., 『Woman, native, other: Writing postcoloniality and feminism』, Bloomington : Indiana University Press, 1989 ;

Spivak, G. C., 『In other worlds: Essays in cultural politics』, London: Routledge, 1988] 다음에서는 납염이 각 소수민족 생활 속에서 차지하는 지위와 작용을 소개하였다.

'알뇨(嘎鬧)' 및 알뇨와 잡거한 일부 수족(水族)의 생활상에서 나타난 납염과 관련된 고사는 다음과 같다. 농한기에 젊은이들이 저녁을 먹은 후에 무리를 지어 마음에 드는 이웃집 아가씨를 찾아가 대가(對歌, 일문일답식 노래)를 부르면, 이웃집 아가씨는 부끄러워서 집 안에 숨어 밀랍으로 그림만 그릴 뿐 나타나지 않았다고 한다. 만약 젊은이들 중에 마음에 드는 사람이 있으면 그 사람에게만 대창(對唱, 응답형식으로 노래하는 것)하였고, 다른 사람은 거들떠보지도 않았다고 하다. 선택을 받지 못한 젊은이들은 눈치를 보며 자리를 피해줬고, 다른 아가씨의 집을 찾아가 구혼하였다. 다른 사람들이 다 돌아가고 나면, 아가씨는 대문을 열어 마음에 드는 젊은이를 집안으로 들여서 계속해서 대가를 불렀다. 날이 밝아 젊은이가 떠나려고 할 때, 아가씨는 납염 스카프를 정표로 주었다고 한다.

'알뇨'와 기타 종파의 묘족(苗族)은 '불락부가(不落夫家)'의 풍습이 있었는데, 형식이 조금 독특했다. 신랑이 신부와 함께 살기 위해서는 반드시 어떤 의식을 거쳐야 했다. 사람을 시켜 신부의 집에 한 바구니의 찹쌀밥을 보내서 몰래 부엌의 솥뚜껑 위에 놓게 한 후, 의례적인 말을 외치고 도망쳐 나오게 했다. 그러면 신부집 사람들은 나무 방망이를 들고 그를 좇았다. 만약 붙잡히게 되면 몽둥이찜질을 당할 뿐만 아니라, 가져온 선물을 다시 신랑집으로 돌려보냈다. 이렇게 실패하면 신랑은 다시 다른 사람을 찾아서 성공할 때까지 선물을 보내야 했다. 만약 신부 쪽에서 그 사람을 잡지 못하면, 가져온 찹쌀밥을 친지들에게 나누어 주어야 했다. 이것으로써 모두에게 신부 쪽의 가장이 신혼부부의 동거를 허락했음을 선포하는 것이다. 이 고사에 등장하는 찹쌀밥을 담은 대나무 바구니 위에는 대부분 납염된 보자기를 덮었다.

어떤 방식으로 결혼이 성사되건 간에, 납염 이불보와 침대보는 빠질 수 없는 결혼 예물이다. 이불보는 대칭이 잘된 두 폭의 납염 천을 꿰매서 만들었다. 길이는 85cm에서 160cm 사이이고, 폭은 80cm에서 100cm 사이이다. 침대보는 잘 만들어진 3폭의 납염 천을 꿰매서 만들었다. 길이는 180cm에서 210cm 사이이고, 폭은 90cm에서 140cm 사이이다. 딸이 성년이 다 되면, 어머니는 딸을 위해 직접 납염 성장(盛裝)과 납염 침구류를 준비한다. 그림을 잘 그리지 못하는 어머니는 친족 중에서 그림을 잘 그리는 사람을 찾아가 부탁했다. 이는 딸이 평생 행복하기를 바라는 어머니의 마음이 담긴 것이다. 딸도 직접 밀랍으로 그림을 그려서 혼수를 준비하였는데, 장차 펼쳐질 결혼생활에 대한 동경의 마음을 표현하는 것이다. 혼수품 중에는 행복과 행운을 상징하는 것이 많다. 특히 침대보 가운데에는 한 쌍의 물고기가 물에서 노는 그림과 금계(錦雞)가 교미하는 그림을 많이 그렸는데, 그 의미는 굳이 설명할 필요가 없을 듯하다. 아기가 태어나기 전에 신부의 어머니는 납염으로 만들어진 강보, 이불, 아기 옷, 턱받이, 포대기 등을 준비해서, 딸에 대한 깊은 모성애를 납염을 통해 표출했다.

묘족 사람들은 무속신앙을 믿기 때문에 옷이나 생활용품, 머리카락, 손톱 등에 술법을 행하면 사람에게 위해가 가해진다고 생각했다. 만약에 자신이 사용한 침대 위에 물건을 두고 나가면, 주술사가 주문을 걸어 아이를 낳지 못하게 할 것이라고 믿었다. 혹은 아기가 사용한 물건을 남겨두고 나가면, 아기의 영혼이 물건으로 들어가 버려서 오래 살지 못할 것이라고 여겼다. 이러한 이유로 묘족 사람들은 절대 자신의 침구용품과 육아용품을 침대 위에 남겨두고 나가지 않았다. 부득이한 사정으로 남겨두어야 한다면, 액을 면하기 위해 물건의 한 귀퉁이를 조금 잘라 두었다고 한다. 묘족 사람들의 이러한 사고방식은 일부 납염 용품이 그들의 결혼과 출산에 중요한 관련이 있다는 것을 반영하고 있다.

명절과 의식행사에서 백령묘(白領苗) 및 백령묘와 잡거한 수족 여성들은 반드시 '와타'를 입었는데, 입지 않으면 예의에 어긋나는 것이었다. 일부 평상복에는 화조(花鳥)와 같은 납염 도안이 있었다. 평상복의 도안은 성장 의상의 도안처럼 규정된 나선 문양을 넣을 필요가 없어서, 자신의 취향에 맞는 도안을 골라서 넣었다. 이외에 보자기, 바구니 덮개, 손전등 덮개, 우산 주머니, 허리띠, 손수건 모두 납염으로 만들었다. 납염은 백령묘와 일부 백령묘와 잡거한 수족의 생활필수품이라고 할 수 있다.

이 지역의 노인이 임종하면 미리 준비한 납염 수피(壽被, 죽은 사람을 덮는 홑이불)를 덮어 함께 매장했다. 고대 수피의 도안에 주로 사용된 동고 문양은 죽은 사람의 존귀함을 나타내었고, 물결 문양은 죽은 사람의 영혼이 선조의 발원지인 황하유역으로 무사히 돌아갈 수 있기를 염원하는 것이다. 여자가 죽게 되면, 납염 성장인 '와타'를 입히고 꽃신을 신겨 매장하였다. 이

백령묘(白領苗) 여성의 평상복[便裝]

백령묘(白領苗)의 동고(銅鼓) 문양 장례용 수세포[壽被]

와 함께 밀랍으로 그림을 그릴 때 사용하던 칼도 함께 매장하였다.

지금까지 소개한 백령묘의 생활 속에 나타난 납염의 기능과 지위는 납염을 사용한 다른 민족과 대체로 비슷하다. 다음에서는 다른 민족의 생활 속에서 사용된 납염의 차이점을 소개하고자 한다.

'흘고장(吃牯髒)'은 가장 성대한 묘족의 제례의식으로, 13년 혹은 13년이 넘는 오랜 기간마다 한 번씩 거행한다. 월량산형(月亮山型) 납염을 제작한 흑령묘(黑領苗)는 지금까지도 여전히 이 오랜 제례의식을 유지하고 있다. 고장절에 관련된 내용은 많지만, 여기서는 납염과 관련된 것만 언급하고자 한다. 납염으로 만들어진 고장번(牯髒幡)은 묘기(苗旗)라고도 한다. 일반적인 길이는 3m에서 5m 사이인데, 가장 긴 것은 10m 이상 되는 것도 있다. 어떤 깃발은 채색된 밀랍으로 직접 그림을 그려서 염색할 필요가 없었다. 깃발 위에 아주 크고 커다란 조두룡(鳥頭龍)과 거대한 새를 대범하고 호방한 화법으로 그려냈다. 이외에도 개구리, 물고기, 지네, 소금쟁이, 태양광 문양 등이 있다. 표우장(剽牛場)에 걸린 이 긴 깃발은 매우 장엄해 보일 뿐만 아니라, 심지어 신비스러운 전율을 느끼게 한다. 이 깃발은 원시 종교의 농후한 정취를 뿜어내고 있다. 고장두(牯髒頭, 대중이 추대한 제사장)는 이 깃발로 머리를 감쌌고, 몸에는 자수를 놓은 법의(法衣)인 '고장복'을 입었다. 고장복의 위쪽에는 거대한 쌍신룡(雙身龍)이 그려져 있다.

의장대의 남자 노생수(蘆笙手, 생황수)는 자수와 납염으로 만들어진 '백조의(百鳥衣)'를 입었다. 백조의는 넓은 상의, 흉두(胸兜, 배두렁이), 대군(帶裙, 치마의 일종)이 한 세트로, 옷 전체에 납염과 자수 도안이 가득하다. 주요 도안으로는 거대한 새와 조두룡이 일반적이고, 부가적인 도안 중에서도 가장 많은 것이 각종 새 도안이다. 게다가 아래에 입는 대군에 가장 많이 장식되어 있는 것도 흰 새의 깃털이다. 이러한 이유로 이 옷을 '백조의'라고 부르게 되었다. 백조의에는 새 문양 도안 외에 다른 도안도 있는데, 그 종류가 고장복과 비슷하다. 대대로 전해 내려오는 이 남성 제례복의 수량은 매우 적다. 여성의 백조의는 몸에 착 달라붙는 스타일로, 상의·흉두·깃털 대군으로 구성되어 있다. 여성 백조의는 문양이 극히 적고, 옷의 일부분에만 장식이 있다. 이 옷은 모든 흑령묘 여성들이 한 벌씩은 가지고 있는 성장복(盛裝服)이다.

묘족의 고장절은 13년마다 열리지만, 혁가(僅家)의 합룡절

흑령묘(黑領苗)의 고장번(牯髒幡)(부분)

납염 옷을 입은 혁가(僅家)의 아이들

(哈龍節)은 16년에 한 번씩 거행되기 때문에 더욱 보기가 어렵다. 합룡절은 혁가의 조상인 '아파탄(阿婆坦)'과 '아야탄(阿爺坦)'을 기념하기 위한 것이다. 명절에 액을 면하고 복을 기원하고자 하는 사람은 행사의 비용을 일부 부담해야 했고, 남는 것은 다시 분배되었다. 합룡절을 지낸 3년 후에는 표우제(剽牛祭)를 지내야 했는데, 이 3년 동안에는 노래를 부르거나 춤을 추거나 노생 부는 것을 금지했다.

혁가는 1949년 이후 1994년에 처음으로 합룡절을 거행했다. 청대(淸代) '개토귀류(改土歸流)'의 영향으로 고대 혁가 남성들은 옷차림을 바꾸도록 강요받았다. 그래서 현재는 고대 혁가 남성들의 자수 납염 복장을 찾아보기가 어렵다. 1994년에 거행된 합룡절에 혁가 사람들은 예로부터 전수받은 것에 자신들의 상상력을 더해서 창조적인 자수 납염 남성 성장(盛裝)을 만들어냈다. 남성과 여성의 성장 양식은 다르다. 남자는 머리에 붉은 띠를 두른 뾰족한 투구 형태의 납염 모자를 썼고, 몸에는 납염 자수 장식이 있는 장삼(長衫)을 입었다. 이와는 다르게 여자들은 평평한 투구 형태의 납염 모자를 썼고, 납염 자수 장식이 있는 짧은 윗옷을 입었다. 고대 혁가 남성복의 실물은 오랫동안 전해지지 않아, 그 문양을 고증할 방법이 없었다. 그래서 복원된 남성복의 문양과 여성복의 문양에 큰 차이는 없다. 혁가의 남녀가 합룡절에 입는 성장은 '아리타(阿里安)'라고 한다. 합룡절에는 전통 목고(木鼓)를 치고 노생을 불며 거리를 순회하였다고 한다. 노래 부르고 춤추는 혁가의 전통 행사가 부흥한 것이다.

오몽산형(烏蒙山型) 납염을 제작하는 직금(織金) 지역에 사는 미혼 여성은 명절 행사에 자신이 직접 제작한 납염 자수 어깨끈을 메고 참가한다. 이는 자신이 생식능력을 갖추고 있음을 표현하는 것으로, 배우자를 찾는 구혼 방식의 하나이다.

편담산형(扁擔山型) 납염을 제작하는 포의족 지역에서 미혼 여성은 땋은 머리 위에 줄무늬 납염 두건을 썼다. 일반적으로 갓 결혼한 신부는 신랑의 집에서 살지 않는다. 신랑집의 여자 친척들은 준비가 되면, 신부의 머리에 납염 꽃 테두리로 장식된 것을 씌운다. 그리고 순각(笋殼)으로 안감을 댄 길고 딱딱한 머리 두건인 '가각(假殼)'을 씌운다. 이때부터 신부는 정식으로 결혼한 부인의 반열에 들어서게 된다. 이 가각은 오늘날의 결혼반지와 같은 것이어서, 남성들은 머리에 가각을 쓴 여성에게 절대 구혼하지 않는다.

9. 귀주 민간전통 납염의 제작방법

귀주 각 소수민족들의 화랍(畫蠟, 밀랍으로 그림을 그리는 것) 시기가 다 같은 것은 아니지만, 일반적으로 농사 일이 바쁘거나 아주 추울 때는 진행하지 않는다. 농사 일이 바쁠 때 진행하지 않는 것은 힘에 한계가 있기 때문이다. 그리고 아주 추울 때 진행하지 않는 이유는 몇 가지가 있다. 첫째, 더운 날에 밀랍의 유동성이 좋아서 그림을 그릴 때 선이 잘 그려지기 때문에, 간결하고 세밀한 필치로 도안을 그릴 수가 있다. 둘째, 추운 날에는 밀랍 문양이 쉽게 갈라져 떨어져서 염색을 한 후에는 빙렬문(氷裂紋)이 생기기 쉽다. 민간의 심미관(審美觀)은 빙렬문을 공예의 결함으로 여겼기 때문에, 사람들은 이러한 현상이 일어나지 않게 하려고 노력했다. 셋째, 밀랍 그림에 사용되는 재료 중 봉랍성(蜂蠟性) 인(靭)의 가격은 비쌌고, 백랍성(白蠟性) 취(脆)의 가격은 저렴했다. 그래서 사람들은 비용 절감을 위해 이 두 가지를 섞어 사용했다. 하지만 날씨가 추워지면 비싼 봉랍을 더 많이 넣어야 했고, 아주 추운 날씨에는 완전히 봉랍만을 사용하여 그림을 그려야 했다. 이때부터 원가 절감을 위해 더운 날을 택해서 그림을 그리게 되었다. 도안의 치밀도에 대한 요구는 서로 다르기 때문에, 오몽산형(烏蒙山型) 납염을 제작하는 묘족과 비운산형(飛雲山型) 납염을 제작하는 혁가(僊家)는 일반적으로 가장 더운 날이나 그다지 바쁘지 않은 5 · 6 · 7월에 밀랍 그림을 그렸다. 그리고 월량산형(月亮山型) 납염을 제작하는 백령묘(白領苗), 흑령묘(黑領苗), 수족(水族)은 추수한 이후인 농한기에 밀랍 그림을 그렸다. 납염을 제작하는 계절에는 귀주의 소수민족들이 거주하는 지역 곳곳에 목화와 요람(蓼藍, 쪽)이 자라나 있다. 집안에는 염색 항아리가 즐비하고, 건조대에는 염색된 긴 푸른 천과 돌돌 말린 원통 형태의 납염 반제품이 널려 있다. 낮에는 도처에서 실을 잣는 아낙네와 밀랍 그림을 그리는 아가씨들을 볼 수 있고, 밤에는 청아한 다듬이질 소리가 울려 퍼져, 젊은이들과 아가씨들이 사랑을 속삭이며 부르는 대가(對歌)의 반주처럼 들리기도 한다.

귀주 민간전통 납염에 사용되는 옷감은 사회와 경제 발전에 따라 뚜렷한 변화 추세를 보인다. 초기에는 직접 짠 삼베 · 면포 · 비단을 사용했고, 후에는 기계로 짠 표백천 · 견포 · 모조 포플린을 사서 썼다. 더 이후에는 테릴렌과 같은 화학 섬유로 짠 옷감이 출현했다. 하지만 월량산 지역과 같은 몇몇 외진 지역에서는 여전히 직접 짜서 불퉁불퉁한 암화(暗花)

실 잣기[紡紗]

베 짜기[織布]

가 있는 두문(斗紋) 면포를 사용하였다. 이런 천은 튼튼하고 오래가서 살결과 같은 느낌을 준다. 납염 천을 제작하기 위해서는 맨 먼저 곤약이나 백급(白芨) 즙을 천에 뿌리고, 이 천을 그늘에서 말린다. 그런 후에 매끌매끌한 우골(牛骨)이나 자갈로 매끈하고 평평하게 갈면 모든 준비가 끝난다.

귀주 소수민족이 밀랍으로 그림을 그릴 때 사용한 삽 형태의 납도(蠟刀)는 가막부리와 비슷하게 생겼지만, 끝이 평평한 것도 있고 반원형도 있다. 납도의 칼 끝에는 동편(銅片)이 짝수로 들어가 있다. 이 동편 사이로 녹은 밀랍액이 들어가서, 납도가 천 위를 지나가면 밀랍액이 천에 스며들어 선과 면을 형성하게 된다. 납도의 손잡이는 밀랍을 묻혀서 그림에 점을 찍을 수 있게 만들어졌다. 선의 굵기와 길이는 납도에 있는 동편의 수와 두께에 따라 달라진다. 동(銅)의 열용량이 크기 때문에, 동으로 만들어진 납도에 스며든 밀랍액은 비교적 오랜 시간 동안 응고되지 않는다. 1980년대 이후에는 일정한 온도를 유지하는 전열 납도가 출현했고, 밀랍액을 작은 놋그릇이나 질그릇에 담아서 목탄을 피워 약한 불로 보온했다.

귀주 소수민족이 염색할 때 사용하는 청람색은 '요람'이라는 식물로 제작한다. 요람은 봄에 심어 가을에 수확한다. 수확한 요람을 큰 나무통에 오래 담가서 발효와 침전을 시킨다. 여기에 석회수와 초목회(草木灰) 혹은 알칼리성 중화 산성토를 넣는다. 여기에 또 전수수(田銹水)를 넣어 철분을 증가시킨다. 선명한 푸른색을 내려면 술을 첨가하면 된다. 어떤 곳에서는 진염액(陳染液)과 개산초, 산석류 뿌리 등을 넣고 오래 푹 삶은 후 즙을 내서 사용했다. 이렇게 푸른 풀에서 짙은 남색을 추출해내는 방법은 북위(北魏) 시기의 물질생산 및 사회생활의 중요한 역사적 자료로 기록되고 있다. 가사협(賈思勰)의 『제민요술종람(齊民要術種藍)』을 보면 다음과 같은 기록이 있다. "7월이 되면 구덩이를 파고, 백속(百束, 많은 묶음)을 집어넣을 수 있게 준비한다. 맥득니(麥得泥, 맥강흙)를 만들어 구덩이 아래쪽에 5치 두께로 깔고, 사면의 벽은 거적(苫)으로 둘러쳐 준다. 쪽을 베어 와서 구덩이 안에 거꾸로 세워 넣고 물을 부은 다음, 목석(木石)으로 눌러 쪽이 물속에 잠기게 한다. 날씨가 무더울 때는 하룻밤을 재우고, 서늘할 때는 이틀 밤을 재운다. 뿌리까지 스며들면 이것을 걸러내고, 즙을 옹기에 옮겨 붓는다. 10섬 들이의 옹기에 석회를 1말 5되의 비율로 넣고, 손으로 재빨리 젓는다. 한식경(一食頃, 30분)이 지난 후, 위에 맑게 떠오른 물을 걸러낸다. 남은 침전물을 따로 판 작은 구덩이에 옮겨

관상용

넣고, 진한 죽처럼 되면 꺼내서 옹기에 담는다. 이것이 바로 쪽 침전물이다." 전 세계에서 짙은 푸른색을 만드는 방법에 대한 최초 기록은 『본초강목(本草綱目)』에 나와 있다. 귀주의 소수민족은 지금까지도 이 방법을 계속해서 사용하고 있다. 검은색 염료는 야산유(野山柳), 야두견(野杜鵑), 판율각(板栗殼), 조반(皂礬), 오배자(五倍子) 등을 찧은 후 끓여서 만든다. 붉은색 염료는 천초(茜草), 춘수피(椿樹皮), 양매즙(楊梅汁), 홍화(紅花), 우혈(牛血), 주사(朱砂) 등을 끓여서 만든다. 노란색 염료는 황치자(黃梔子), 양괴화(楊槐花), 석황(石黃) 등을 끓여서 만든다.[양정문(楊正文), 『묘족복식문화(苗族服飾文化)』, 귀주민족출판사, 1998년 ; 안정강(安正康)·장지이(蔣志伊)·어신지(於信之)(편), 『귀주소수민족민간미술』, 귀주인민출판사, 1992년]

귀주 소수민족 여성이 밀랍으로 그림을 그릴 때는 천을 무릎 위에 펼쳐두고 납도에 밀랍액을 묻혀서 '추화(椎畵)'한다. 밀랍 그림을 그릴 때는 밑그림을 먼저 그리는데, 이전에는 주로 볏짚이나 대나무 조각으로 간격을 측정했고 손톱으로 대략적인 윤곽을 잡았으며, 지금은 연필로 밑그림을 그리고 있다. 비운산형 납염을 제작하는 혁가의 여성들은 밀랍 그림을 그릴 때, 먼저 밀랍으로 천의 네 모서리를 나무판에 붙여 둔다. 그런 후에 가위로 자른 주요 도안의 판지를 대충 늘어놓아 구도를 잡는다. 이렇게 구도를 잡은 후, 바늘이나 손톱으로 도안의 윤곽을 그린다. 납도로 이 윤곽을 따라 그리고, 마지막으로 안쪽과 테두리에 세부적인 문양을 그려 넣는다.

귀주 소수민족 여성은 밀랍 그림을 다 그린 천을 대나무 테에 고정했는데, 이것은 반구형으로 된 모기장처럼 생겼다. 이는 밀랍 그림이 접히거나 균열이 생기는 것을 방지하기 위함이다. 그림을 이렇게 고정한 후, 염색 항아리에 집어넣어 물을 들였다. 두 시간 정도 담가 둔 후 꺼냈고, 이것을 그늘에 말려서 공기와 반응하게 두었다. 천을 담가두는 횟수가 늘어날수록 색도 점점 짙어진다. 중간에 황두수(黃豆水), 홍자근수(紅子根水), 우교수(牛膠水)로 반복해서 풀을 먹인다. 지난 1980년대 이후에 일부 여성들은 밀랍 그림을 그린 천을 시장의 염색 공방에 보내 염색했다. 염색이 완료된 천은 소량의 염색액을 넣은 물에 다시 끓여서 도안이 더욱 잘 드러나게 했다. 이 천을 다시 맑은 물에 헹궈서 그늘에 말리면 납염 천이 완성된다. 어떤 납염은 일부에 다른 색을 칠해야 했다. 만약 다른 색을 칠해야 하는 부분의 면적이 크다면, 한 가지 색을 염색할 때 다른 색으로 염색할 부분은 밀랍으로 봉해버린다. 이런 과정을 여러 차례 거치게 되면, 다양한 색깔의 납염 천이 만

바느질[縫衣]

납화(蠟畵)

들어진다. 어떤 색은 다른 색을 섞어서 염색해야 만들어지기도 한다. 옅은 남색과 붉은색을 섞으면 장밋빛이 만들어지고, 옅은 남색과 노란색을 섞으면 녹색이 만들어진다. 그리고 옅은 남색과 노란색, 붉은색을 모두 섞으면 황갈색이 나타난다. 끓인 밀랍을 모아서 다시 사용하는 것을 '노랍(老蠟)'이라고 하는데, 이것은 매우 진귀한 것이다. 노랍은 부분적으로 탄화(碳化)하고 뒤섞인 청람의 이물질로 색이 매우 짙다. 사용한 횟수에 따라 황토색, 갈색, 검정색 등 다른 색깔로 나타난다. 염색하기 전에 '노랍'으로 그려낸 반제품은 완성된 납염 못지않은 가치가 있다. 근래의 채색 납염은 현대 염료인 '쾌색소(快色素)'를 사용하여 염색하고 있다. 이 염료의 색채는 이전보다 훨씬 다양해서, 자유자재로 다양한 색을 염색할 수 있게 되었다. 현대의 납염 예술은 다양한 색감을 표현해낼 수 있지만, 단조로운 색채를 표현해내는 전통 납염의 운치는 결여되었다.

10. 세상에 알려지지 않은 귀주의 민간전통 납염 전문가

저자가 귀주의 소수민족 예술품을 소장하고 연구한 지 어언 30여 년이 되었다. 이 연구를 통해 민간문화를 착취하고 방관해서는 안 된다는 것을 통감하게 되었다. 이러한 문화자산을 창출해낸 민간예술가들을 존중하고 그 예술적 가치를 인정해 주기 위해, 그들의 이름과 생애를 기록해 두어야 한다. 이 책에서는 존경하는 마음으로 세 분의 귀주 민간전통 납염 전문가를 소개하고자 한다.

(1) 오백철(嗚伯哲) 여사

검남포의족묘족(黔南布依族苗族)자치주 삼도현(三都縣) 교려향(交黎鄉) 고동촌(高硐村)에 사는 오백철 여사는 1870년에서 1880년 사이에 태어났다. 원래 백령묘 집안의 딸이었으나, 수족의 막(莫) 씨 남자에게 시집을 갔다. 오백철 여사는 결혼 전에도 뛰어난 납염 기술을 보유하고 있었기 때문에 혼수로 준비한 납염 용품 모두를 자신이 직접 제작했다고 한다. 나이가 들면서 납염 기술도 나날이 늘어, 마을에서 모두가 인정하는 납염 전문가가 되었다. 마을 사람들은 줄을 서서 그녀에게 납염 그림을 그려달라고 요청했고, 아가씨들은 앞다퉈 그녀에게 납염 기술을 배우려고 했다. 오백철 여사는 납염의 밑그림조차도 그리지 않았지만, 매우 꼼꼼하게 만들어냈다. 그녀

오백철(吳伯哲) 여사의 납염 작품

가 새로운 작품을 만들면, 사람들은 그것을 흉내 내기에 바빴다. 그녀는 이전 세대의 화법을 계승하지는 않았지만, 전통을 기초로 하여 새로운 것을 창조해냈다. 그녀가 만든 납염 제품을 비교해 보면 그 이유를 알 수 있을 것이다. 오백철 여사는 단도식(丹都式) 납염 예술양식을 초기에서 중기로 전환시키는 데 결정적인 역할을 했다고 할 수 있다.

(2) 막개리채(莫介理蔡) 여사

막개리채 여사는 오백철 여사의 장녀로, 그녀의 작품은 오백철 여사의 것과 매우 유사하다. 두 사람의 작품을 같이 놓고 보면, 구분해내기가 어려울 정도이다. 후에 꽃 문양이 유행할 때, 그녀는 시대의 수요에 발맞추기 위해 신식 납염 도안을 배웠다. 1992년에 막개리채 여사를 만났을 때, 그녀는 이미 80세가 넘었다. 시력이 좋지 않아 납염화를 그릴 수 없을 정도였다. 그녀는 슬하에 5남 1녀를 두었고, 20세가 넘은 손주도 있었다. 그녀의 후손들 중에는 납염화를 그리는 사람도 있었다.

오백철 여사와 막개리채 여사의 납염은 현재 우리가 볼 수 있는 중기 단도식 납염 작품 중에서 예술적 성과가 가장 높은 것이라 할 수 있다. 그녀들은 자신들의 고향에서는 한때 명성이 자자해서 일대의 화풍에도 영향을 끼쳤지만, 외지에는 그다지 잘 알려지지 않았다. 그녀들의 작품은 그저 묵묵히 산간의 오솔길을 통해서 이 마을에서 저 마을로, 이 집에서 저 집으로 전해져, 전 세계적으로 사랑받는 아름다운 예술품으로 거듭나게 되었다.

납화의 고수 오백철(吳伯哲) 여사의 딸 막개리채(莫介理蔡) 여사

(3) 왕령영(王靈英) 여사

왕령영 여사는 검동남묘족포의족(黔東南苗族布依族) 자치주 황평현(黃平縣) 중홍향(重興鄉) 풍향채(楓香寨) 혁가(偞家)의 사람이다. 1994년 저자가 황평(黃平)·개리(凱里) 지역으로 납염을 수집하러 갔을 때, 그녀는 40세 정도였다. 당시 저자는 염색하기 전의 납염화를 구입하고자 하였지만, 그곳의 여성들은 염색하기 전의 반제품을 팔지 않으려 했다. 그래서 마을의 부녀회장인 요(姚) 씨 성을 가진 여성을 통해 마을에 납염화 전문가 모임을 조직하여, 전문적으로 염색하기 전의 납염화를 제작하였다. 저자가 직접 살펴보니, 혁가의 납염 전문가 중에서 왕령영 여사의 기술이 가장 뛰어난 것 같았다. 그녀의 선그리기 기술은 거침이 없었고, 성기거나 치밀하게 표현해내는 기술도 매우

왕령영(王靈英) 여사의 납판(蠟版) 작품

뛰어났다. 그녀는 전통 문양을 그려낼 수 있을 뿐만 아니라, 전통 문양에 약간의 변화를 주어 새로운 문양을 창조해내기도 했다. 그녀는 당시 납화를 그리는 여성들의 중심인물이었다. 그녀가 만든 도안판을 다른 여성들이 빌려 쓰기도 했고, 그녀가 창조해낸 양식을 다른 사람들이 모방해서 만들기도 했다.

11. 후기

33년간 귀주(貴州)의 민간전통 납염을 수집하고 연구했던 발자취를 돌아보면서, 나는 깊은 감명을 받게 되었다. 탐사에서 이론 수양과 문헌 회고도 매우 중요하기는 하지만, 현지조사와 실제 납염 예술품을 통한 분석이 연구의 기초이자 논점의 근간이며 연구방법의 핵심이라 할 수 있다. 예술품을 연구하는 학자는 반드시 보편적인 예술적 수양을 갖추고 있어야 할 뿐만 아니라, 특정한 민간전통 예술에 대한 수양도 필요하다. 이러한 것들이 제대로 갖추어져 있지 않으면, 민간전통 예술품에 대해 생동감 있는 연구를 진행할 수 없다.

고대 귀주에서 납염을 제작하고 사용한 지역은 근대에 비해 훨씬 더 광범위하다. 도서관에 있는 사서(史書)를 참고해 보면, 귀주의 여러 지역에 납염이 있었음을 알 수 있다. 하지만 1980·90년대의 기록을 살펴보면, 대다수 지역의 납염은 이미 여러 세대 동안 전해지지 않았고, 납염 예술품 또한 점차 사라지거나 변이되었다. 평파현(平坝縣) 임잡(林卡) 지역과 귀양(貴陽) 화계(花溪) 지역의 화묘족(花苗族)이 제작하고 사용한 납염에 대한 수많은 기록 중에서, 민국(民國) 시기의 『평파현지(平坝縣志)』에 나와 있는 화묘족의 여성 복식을 살펴보면 다음과 같다. "이들의 복식은 묘족의 복식과 같다. 밀랍으로 각종 문양을 그린 후에 염색을 하거나 푸른 천에 자수를 놓았다……"[정세량(丁世良)·조방(趙放)(편), 『중국지방지민속자료휘편(中國地方志民俗資料彙編)·서남권(西南卷)』제569항. 서목문헌(書目文獻)출판사. 1991년] 하지만 현지 소수민족들은 이미 여러 세대 동안 납염을 제작하지 않아, 이제는 납염 제품을 거의 찾아볼 수 없다는 것을 현지조사를 통해 알아냈다. 그들은 일찍이 도화(桃花)를 제작·사용하였고, 초기의 도화 도안과 문양은 납염의 그것과 거의 비슷했다. 후에 본 필자가 수집한 몇 폭의 고대 도화 예술품을 자세히 살펴보니, 도화의 바탕천이 오래 전에 만들어진 납염천임을 알 수 있었다. 이 도화의 채색된 문양은 짙은 납염 바탕천에 엷은 남색으로 된

납염 바탕 문양이 있는 묘족(苗族) 도화(桃花)[귀양(貴陽) 화계(花溪)]

문양을 따라서 도화 자수를 놓은 것이다. 이것으로 추측해 보면, 현지 화묘족은 원래 납염을 제작하고 사용하였지만, 나중에는 납염 도안과 문양을 바탕으로 점차 도화를 제작·사용하게 된 것을 알 수 있다. 초기에는 납염 양식의 영향을 많이 받았지만, 후에는 그 영향을 모두 벗어버리고 자신만의 독특한 예술 양식을 만들어냈다. 만약 이러한 현지조사와 실물 분석을 거치지 않고 서적에만 의존해 연구하였다면, 어떻게 이런 상황들을 모두 알 수 있었겠는가? 게다가 고대에 발언권을 가진 문인들은 이러한 소수민족들의 민간예술을 경시하는 경향이 있어서, 문헌에서는 정확한 자료를 얻을 수 없었다. 설령 자료를 얻는다 하더라도 몇 마디 말로 거론되었을 뿐, 상세한 자료는 찾아볼 수 없었다. 더욱이 어떤 문인은 편견을 가지고 잘못된 내용을 전하기도 해서, 그 신뢰도는 현지조사와 실물 분석과는 비교할 수가 없다.

개혁개방이 되면서 국가는 전통 공예를 중시하고 보호를 강화하게 되었다. 근래에는 귀주 안순(安順) 등 지역의 납염 산업에 많은 투자를 하고 관심을 기울이고 있지만 그 방식과 방법에 변화된 점이 있었다. 현재 납염 산업에는 수많은 외래 요소를 도입하였는데, 그중에서 가장 강조되는 것은 '중국 기풍'이다. 신석기 시대의 채문 도기, 상·주대(商·周代)의 청동기, 한대(漢代)의 화상석(畫像石), 당대(唐代)의 삼채도(三彩陶) 및 돈황(敦煌)벽화, 문인 서화, 위인 친필 서화, 선불나한(仙佛羅漢)이 잇달아 '귀주 납염' 속으로 침투해 들어왔다. 다음으로 강조된 것은 지방의 민족적 특색이다. 나무나희(儺舞儺戲), 지희(地戲) 가면, 시동(施洞) 자수, 대공전지(臺拱剪紙), 석채산(石寨山) 동고(銅鼓) 문양 등이 모두 '귀주 납염'에 표현되었다. 이외에도 서양의 우수한 점을 활용할 것을 강조하여, 서양의 선진 회화기법을 변형하여 민간예술에 접목시키기도 하였다. 발표된 논문 중에 "유화기법을 응용하여 납염 예술품을 창작한다"라는 내용이 있다. 또한, 이집트의 벽화, 그리스의 병화(瓶畵), 로코코식 도안, 옥체횡진(玉體橫陳, 누워 있는 살결이 고운 여인)의 비너스와 피카소식 조형이 '귀주 납염'의 영역으로 침투해 들어왔다. 또한, 원시 예술인 아프리카의 목조품, 마야의 소책자, 에스키모 인의 판화, 마오리족의 조각품도 '귀주 납염'에 도입되었다. 일부 미술가는 전통 납염에 두 종류의 도안을 사용해서 이방연속 혹은 사방연속의 기법으로 처리하였고, 이렇게 만들어진 작품에 대해 저작권을 주장하였다.…… 결국 '귀주 납염'은 이 좁은 지역에서 순간적으로 '다양화', '현대화', '세계화', '지적 소유

현대의 납염 「불두상(佛頭像)」, 반지성(潘志星)

현대의 납염 「환무(歡舞)」, 강해(江海)

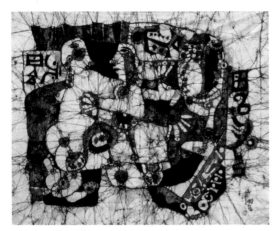

현대의 납염 「생명(生命)」, 포국창(蒲國昌)

현대의 납염 「야랑(夜郞)의 전설」, 황극강(黃克剛)

권의 특허화'를 이룩하였다. 당연히 여러 사람의 의견을 듣는 것은 너그럽게 봐주고 격려할 만하다. 하지만 이렇게 여러 사람의 의견을 듣는 것은 먼저 전통에 대한 깊은 이해와 계승, 흡수라는 토대하에서 이루어져야 하는 것이다. 그렇지 않으면 이것은 맹목적인 모방일 뿐이고, 본말이 전도된 것일 뿐이다. 역사와 전통이 갈라지게 되면, 향토 문화예술의 자아가 상실될 수 있다. 나는 가끔 괜한 걱정을 하기도 한다. 만약 현대 귀주 납염 예술품이 일부 미술가에 의해 재창조된 전통 납염 도안의 영향을 장기적으로 받게 되면, 우리의 후손이 정통 귀주 민간전통 납염을 보았을 때, 진품을 알아보지 못하는 웃을 수 없는 상황이 생길 수도 있다. 마치 어릴 때 자주 만났던 사람을 알아보지 못하고, "손님, 어디서 오셨나요?"라고 묻는 것과 같다. 개인의 힘은 미약하여 시대의 흐름을 거부할 수는 없지만, 나름대로 해야 할 일을 다하고 나서 하늘의 뜻을 기다릴 뿐이다.

납염(蠟染)의
제작과정

베 짜기[織布]

요람(蓼藍) 채취

통에 담가 발효하기

봉랍(蜂蠟)

납도(蠟刀)

점랍(點蠟)

점납(點蠟)(부분)

침염(浸染)

반복 침염

끓여서 밀랍 제거하기

헹구기[漂洗]

말리기[晾晒]

목차

月亮山型蠟染

월
량
산
형
납
염

월량산(月亮山)의 계단식 밭

월량산의 소녀들

납염(蠟染)을 보여주는 할머니

점납(點蠟)

성장(盛裝)과 평상복[便裝]

복식(服飾)과 환경의 조화

단도식 (丹都式) 납염 (蠟染)

묘족(苗族) 납염(蠟染) 침대보[床單]
192×133.5cm
주요 문양: 꽃, 새

검남(黔南) 삼도(三都)

수족(水族) 납염(蠟染) 침대보[床單]
주요 문양: 용, 꽃, 새, 물고기

검남(黔南) 삼도(三都)

묘족(苗族) 납염(蠟染) 보자기[包帕](좌측)
97×82cm
주요 문양: 동고(銅鼓), 수탉, 박새, 꽃

검동남(黔東南) 단채(丹寨)

수족(水族) 납염(蠟染) 이불보[被面]
137×87cm
주요 문양: 동고(銅鼓), 꽃, 과일, 나비, 새

검남(黔南) 삼도(三都)

수족(水族) 납염(蠟染) 이불보[被面]
140×86cm
주요 문양: 꽃, 새, 물고기, 나비

검동남(黔東南) 단채(丹寨)

묘족(苗族) 납염(蠟染) 이불보[被面](좌측)
131×80cm
주요 문양: 꽃, 새, 불수감(佛手柑), 복숭아

검남(黔南) 삼도(三南)

묘족(苗族) 납염(蠟染) 보자기[包帕]
90×83㎝
주요 문양: 꽃, 과일, 새, 나비

검동남(黔東南) 단채(丹寨)

수족(水族) 납염(蠟染) 보자기[包帕]
86×85㎝
주요 문양: 꽃, 과일, 물고기, 새

검남(黔南) 삼도(三都)

수족(水族) 납염(蠟染) 이불보[被面](우측)
117×80㎝
주요 문양: 꽃, 새

검동남(黔東南) 단채(丹寨)

묘족(苗族) 납염(蠟染) 이불보[被面](상)
138×89cm
주요 문양: 꽃, 새

검동남(黔東南) 단채(丹寨)

수족(水族) 납염(蠟染) 침대보[床單](하)
주요 문양: 꽃, 새, 풀, 물고기

검동남(黔東南) 단채(丹寨)

묘족(苗族) 납염(蠟染) 이불보[被面](상)
125×90cm
주요 문양: 석류, 복숭아, 잉어

검남(黔南) 삼도(三都)

묘족(苗族) 납염(蠟染) 이불보[被面](하)
122×85.5cm
주요 문양: 꽃, 새, 복숭아

검남(黔南) 삼도(三都)

수족(水族) 납염(蠟染) 침대보[床單](상)
137×94cm
주요 문양: 꽃, 풀, 벌레, 물고기

검남(黔南) 삼도(三都)

수족(水族) 납염(蠟染) 이불보[被面](하)
133×77cm
주요 문양: 꿩, 물고기, 꽃, 나비

검남(黔南) 삼도(三都)

수족(水族) 납염(蠟染) 이불보[被面](우측)
141×86cm
주요 문양: 동고(銅鼓), 꽃, 과일, 물고기, 새

검남(黔南) 삼도(三都)

수족(水族) 납염(蠟染) 이불보[被面]
121×80.5cm
주요 문양: 앵무새, 나비

검남(黔南) 삼도(三都)

수족(水族) 납염(蠟染) 이불보[被面]
140×83.5cm
주요 문양: 수탉, 화미조(畫眉鳥), 꽃, 과일

검남(黔南) 삼도(三都)

수족(水族) 납염(蠟染) 이불보[被面]
141×94cm
주요 문양: 꽃, 새, 물고기, 과일

검남(黔南) 삼도(三都)

묘족(苗族) 납염(蠟染) 이불보[被面](우측)
141×94cm
주요 문양: 꽃, 과일, 물고기, 새

검동남(黔東南) 단채(丹寨)

수족(水族) 납염(蠟染) 침대보[床單]
199×112cm
주요 문양: 꽃, 새, 물고기, 벌레

검남(黔南) 삼도(三都)

수족(水族) 납염(蠟染) 침대보[床單]
주요 문양: 꽃, 과일, 닭, 물고기

검남(黔南) 삼도(三都)

수족(水族) 납염(蠟染) 이불보[被面](상)
주요 문양: 새, 나비, 꽃, 과일

검남(黔南) 삼도(三都)

묘족(苗族) 납염(蠟染) 이불보[被面](하)
143×83cm
주요 문양: 꽃, 새, 물고기, 벌레, 짐승

검남(黔南) 삼도(三都)

수족(水族) 납염(蠟染) 이불보[被面](잔존 부분)
96×87cm
주요 문양: 동고(銅鼓), 꽃, 과일, 물고기, 새

검남(黔南) 삼도(三都)

수족(水族) 납염(蠟染) 이불보[被面](상)
156×84cm
주요 문양: 꽃, 새, 복숭아

검남(黔南) 삼도(三都)

묘족(苗族) 납염(蠟染) 이불보[被面](하)
140×87.5cm
주요 문양: 꿩, 나비, 꽃, 과일

검동남(黔東南) 단채(丹寨)

수족(水族) 납염(蠟染) 이불보[被面]
143×91cm
주요 문양: 꽃, 새, 과일

검남(黔南) 삼도(三都)

묘족(苗族) 납염(蠟染) 이불보[被面]
주요 문양: 산비둘기, 꽃, 과일

검동남(黔東南) 단채(丹寨)

수족(水族) 납염(蠟染) 침대보[床單](상)
199×120cm
주요 문양: 꽃, 새, 물고기

검남(黔南) 삼도(三都)

묘족(苗族) 납염(蠟染) 이불보[被面](하)
140×90cm
주요 문양: 꽃, 새, 물고기, 벌레, 짐승

검남(黔南) 삼도(三都)

수족(水族) 납염(蠟染) 침대보[床單](상)
189×177cm
주요 문양: 금붕어, 꽃, 과일, 벌레, 새

검남(黔南) 삼도(三都)

묘족(苗族) 납염(蠟染) 침대보[床單](하)
주요 문양: 꿩, 꽃, 과일, 물고기, 벌레

검남(黔南) 삼도(三都)

수족(水族) 납염(蠟染) 이불보[被面](상)
189×177cm
주요 문양: 꽃, 과일, 새, 벌레

검남(黔南) 삼도(三都)

묘족(苗族) 납염(蠟染) 이불보[被面](하)
154×87cm
주요 문양: 꿩, 꽃, 과일

검남(黔南) 삼도(三都)

수족(水族) 납염(蠟染) 이불보[被面](상)
140×86cm
주요 문양: 물고기, 벌레, 꽃, 새

검남(黔南) 삼도(三都)

수족(水族) 납염(蠟染) 침대보[床單](하)
190×126cm
주요 문양: 새, 벌레, 꽃, 과일

검남(黔南) 삼도(三都)

수족(水族) 납염(蠟染) 이불보[被面]
147×80cm
주요 문양: 꽃, 나비, 물고기

검남(黔南) 삼도(三都)

묘족(苗族) 납염(蠟染) 이불보[被面]
135×83cm
주요 문양: 금계(錦鷄), 꽃, 물고기, 벌레

검동남(黔東南) 단채(丹寨)

묘족(苗族) 납염(蠟染) 이불보[被面](우측)
148×91cm
주요 문양: 꽃, 새, 물고기, 짐승

검남(黔南) 삼도(三都)

묘족(苗族) 납염(蠟染) 이불보[被面](상)
141×78cm
주요 문양: 점화(點花)

검남(黔南) 삼도(三都)

묘족(苗族) 납염(蠟染) 이불보[被面](하)
138×90cm
주요 문양: 꽃, 과일, 새, 벌레

검남(黔南) 삼도(三都)

수족(水族) 납염(蠟染) 이불보[被面](상)
주요 문양: 꽃, 과일, 물고기, 벌레

검남(黔南) 삼도(三都)

수족(水族) 납염(蠟染) 이불보[被面](하)
160×89cm
주요 문양: 꽃, 새, 물고기, 개구리

검남(黔南) 삼도(三都)

묘족(苗族) 납염(蠟染) 이불보[被面](상)
140×95.5cm
주요 문양: 꿩, 박새, 화미조(畵眉鳥), 나비, 꽃

검동남(黔東南) 단채(丹寨)

수족(水族) 납염(蠟染) 이불보[被面](하)
140×84cm
주요 문양: 꽃, 풀, 새, 벌레

검남(黔南) 삼도(三都)

수족(水族) 납염(蠟染) 이불보[被面]
120×90cm
주요 문양: 용, 봉황, 물고기, 벌레, 꽃, 과일

검남(黔南) 삼도(三都)

묘족(苗族) 납염(蠟染) 이불보[被面](상)
150×92cm
주요 문양: 꽃, 새, 석류

검동남(黔東南) 단채(丹寨)

수족(水族) 납염(蠟染) 이불보[被面](하)
127×85cm
주요 문양: 꽃, 새, 과일

검동남(黔東南) 단채(丹寨)

수족(水族) 납염(蠟染) 이불보[被面](상)
130×93cm
주요 문양: 살쾡이, 꽃, 새, 과일, 물고기, 벌레

검남(黔南) 삼도(三都)

수족(水族) 납염(蠟染) 이불보[被面](하)
주요 문양: 금계(錦鷄), 모란

검동남(黔東南) 단채(丹寨)

묘족(苗族) 납염(蠟染) 이불보[被面](상)
주요 문양: 꽃, 새

검동남(黔東南) 단채(丹寨)

수족(水族) 납염(蠟染) 이불보[被面](하)
154×90㎝
주요 문양: 과일 안의 새

검남(黔南) 삼도(三都)

묘족(苗族) 납염(蠟染) 이불보[被面](상)
147×90cm
주요 문양: 물고기, 벌레, 새, 풀

수족(水族) 납염(蠟染) 이불보[被面](하)
143×86cm
주요 문양: 물결, 꽃, 풀

검동남(黔東南) 단채(丹寨)

검남(黔南) 삼도(三都)

묘족(苗族) 납염(蠟染) 보자기[包帕]
84.5×82cm
주요 문양: 비조(飛鳥), 꽃, 과일

검동남(黔東南) 단채(丹寨)

묘족(苗族) 납염(蠟染) 보자기[包帕]
91×85cm
주요 문양: 꽃, 새, 과일

검동남(黔東南) 단채(丹寨)

묘족(苗族) 납염(蠟染) 보자기[包帕]
87×83cm
주요 문양: 꽃, 새

검동남(黔東南) 단채(丹寨)

수족(水族) 납염(蠟染) 이불보[被面](상)
125×90cm
주요 문양: 꿩, 박새, 꽃, 과일

검동남(黔東南) 단채(丹寨)

묘족(苗族) 납염(蠟染) 이불보[被面](하)
141×86cm
주요 문양: 수탉, 연꽃, 복숭아

검동남(黔東南) 단채(丹寨)

수족(水族) 납염(蠟染) 이불보[被面](우측)
주요 문양: 꽃, 새, 물고기, 나비

검동남(黔東南) 단채(丹寨)

묘족(苗族) 납판(蠟版) 사각수건[方帕]
주요 문양: 기하형(幾何形)

검동남(黔東南) 단채(丹寨)

묘족(苗族) 납판(蠟版) 이불보[被面](반 폭짜리 두 개)
주요 문양: 물고기, 새, 꽃, 과일

검동남(黔東南) 단채(丹寨)

묘족(苗族) 납염(蠟染) 이불보[被面]
109×87cm
주요 문양: 꽃, 새, 물고기, 과일

검남(黔南) 삼도(三都)

수족(水族) 납염(蠟染) 이불보[被面]
146×87cm
주요 문양: 꽃, 새, 물고기, 과일

검동남(黔東南) 단채(丹寨)

수족(水族) 납염(蠟染) 이불보[被面]
주요 문양: 꽃, 새

검동남(黔東南) 단채(丹寨)

수족(水族) 납염(蠟染) 침대보[床單](우측 상)
주요 문양: 꽃, 새, 용

검동남(黔東南) 단채(丹寨)

수족(水族) 납염(蠟染) 침대보[床單](우측 하)
주요 문양: 꽃, 새, 물고기, 벌레

검동남(黔東南) 단채(丹寨)

수족(水族) 납염(蠟染) 침대보[床單](상)
주요 문양: 꽃, 새, 물고기, 과일

검동남(黔東南) 단채(丹寨)

묘족(苗族) 납염(蠟染) 이불보[被面](하)
136.5×87.5cm
주요 문양: 봉황, 모란

검남(黔南) 삼도(三都)

수족(水族) 납염(蠟染) 침대보[床單](상)
주요 문양: 꽃, 새, 물고기, 벌레

검남(黔南) 삼도(三都)

묘족(苗族) 납염(蠟染) 이불보[被面](하)
140×83cm
주요 문양: 석류, 꽃, 새

검남(黔南) 삼도(三都)

묘족(苗族) 납염(蠟染) 이불보[被面](상)
139×93cm
주요 문양: 동고(銅鼓), 닭, 물고기,
꽃, 과일

검남(黔南) 삼도(三都)

묘족(苗族) 납염(蠟染) 보자기[包帕]
90×82.5cm
주요 문양: 꽃, 새

검남(黔南) 삼도(三都)

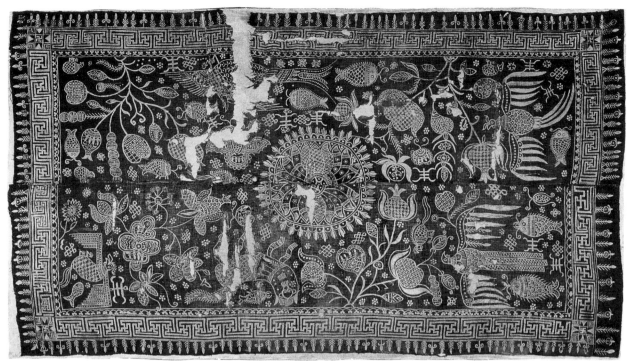

묘족(苗族) 납염(蠟染) 이불보[被面]
161×90cm
주요 문양: 동고(銅鼓), 짐승, 꽃, 새, 물고기, 벌레

검남(黔南) 삼도(三都)

수족(水族) 납염(蠟染) 이불보[被面]
165×86cm
주요 문양: 꽃, 새, 물고기, 벌레

검남(黔南) 삼도(三都)

묘족(苗族) 납염(蠟染) 이불보[被面](상)
143×86cm
주요 문양: 까치, 산비둘기, 꽃

　　검동남(黔東南) 단채(丹寨)

묘족(苗族) 납염(蠟染) 이불보[被面](하)
142×91cm
주요 문양: 꽃, 새, 복숭아

　　검동남(黔東南) 단채(丹寨)

묘족(苗族) 납염(蠟染) 이불보[被面](상)
129×94㎝
주요 문양: 수탉, 연꽃, 복숭아

검동남(黔東南) 단채(丹寨)

수족(水族) 납염(蠟染) 침대보[床單](하)
주요 문양: 꽃, 새, 물고기, 벌레, 풀

검동남(黔東南) 단채(丹寨)

묘족(苗族) 납염(蠟染) 보자기[包帕]
86×81㎝
주요 문양: 복숭아꽃, 새

검동남(黔東南) 단채(丹寨)

묘족(苗族) 납염(蠟染) 이불보[被面](하)
140×87㎝
주요 문양: 동고(銅鼓), 꽃, 새, 물고기, 벌레

검남(黔南) 삼도(三都)

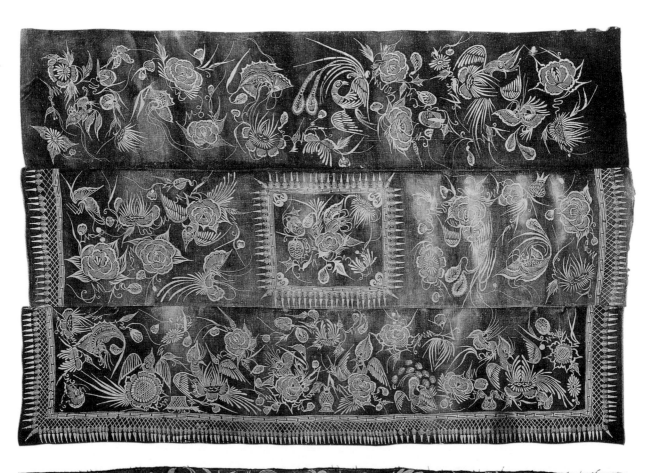

묘족(苗族) 납염(蠟染) 침대보[床單](상)
191×126cm
주요 문양: 꽃, 새, 물고기, 벌레

검남(黔南) 삼도(三都)

묘족(苗族) 납염(蠟染) 이불보[被面](하)
148×87cm
주요 문양: 꽃병, 과일, 연근

검남(黔南) 삼도(三都)

수족(水族) 납염(蠟染) 이불보[被面](상)
136×83cm
주요 문양: 나비, 동고(銅鼓), 새, 물고기, 꽃

검남(黔南) 삼도(三都)

묘족(苗族) 납염(蠟染) 이불보[被面](하)
주요 문양: 동고(銅鼓), 꽃, 새, 벌레, 물고기, 짐승

검남(黔南) 삼도(三都)

수족(水族) 납염(蠟染) 침대보[床單](상)
191×117cm
주요 문양: 용, 수탉, 꽃병

검남(黔南) 삼도(三都)

묘족(苗族) 납염(蠟染) 침대보[床單](하)
198×156cm
주요 문양: 꽃, 새

검동남(黔東南) 단채(丹寨)

수족(水族) 납염(蠟染) 이불보[被面]
138.5×81cm
주요 문양: 금계(錦鷄), 모란, 잉어

검남(黔南) 삼도(三都)

묘족(苗族) 납염(蠟染) 이불보[被面](상)
135×82cm
주요 문양: 꽃, 새

검남(黔南) 삼도(三都)

수족(水族) 납염(蠟染) 이불보[被面](하)
139.5×84.5cm
주요 문양: 동고(銅鼓), 꽃, 새, 물고기, 나방

검남(黔南) 삼도(三都)

묘족(苗族) 납염(蠟染) 이불보[被面](상)
124×87cm
주요 문양: 수탉, 화미조(畵眉鳥), 꽃

　　검동남(黔東南) 단채(丹寨)

수족(水族) 납염(蠟染) 이불보[被面](하)
160×80cm
주요 문양: 용, 물고기, 수탉, 꽃, 귀뚜라미

　　검동남(黔東南) 단채(丹寨)

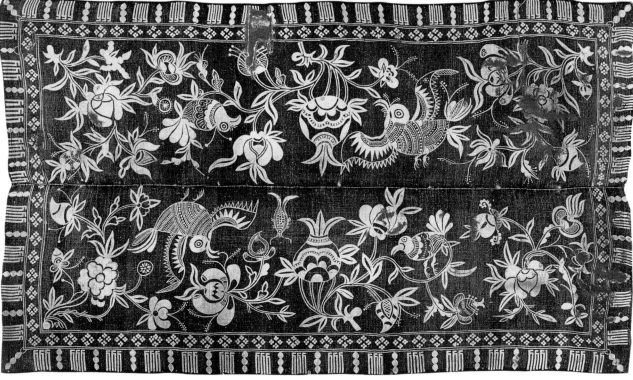

묘족(苗族) 납염(蠟染) 이불보[被面](상)
126×84cm
주요 문양: 복숭아꽃, 박새, 병어[扁魚]

검남(黔南) 삼도(三都)

묘족(苗族) 납염(蠟染) 이불보[被面](하)
143×82cm
주요 문양: 박새, 석류

검동남(黔東南) 단채(丹寨)

수족(水族) 납염(蠟染) 침대보[床單](상)
190×122cm
주요 문양: 화미조(畵眉鳥), 복숭아, 연꽃

검동남(黔東南) 단채(丹寨)

수족(水族) 납염(蠟染) 침대보[床單](하)
206×117cm
주요 문양: 물고기, 용, 꽃, 꿩, 나비

검동남(黔東南) 단채(丹寨)

수족(水族) 납염(蠟染) 이불보[被面](상)
139×90cm
주요 문양: 금계(錦鷄), 병어[扁魚], 포도

　　검남(黔南) 삼도(三都)

묘족(苗族) 납염(蠟染) 이불보[被面](하)
주요 문양: 꽃병, 과일, 물고기, 새

　　검남(黔南) 삼도(三都)

묘족(苗族) 납염(蠟染) 이불보[被面](상)
122.5×88cm
주요 문양: 꿩, 연꽃, 나비

검동남(黔東南) 단채(丹寨)

수족(水族) 납염(蠟染) 이불보[被面](하)
142×88cm
주요 문양: 수탉, 잉어, 화미조(畵眉鳥), 풀, 벌레

검남(黔南) 삼도(三都)

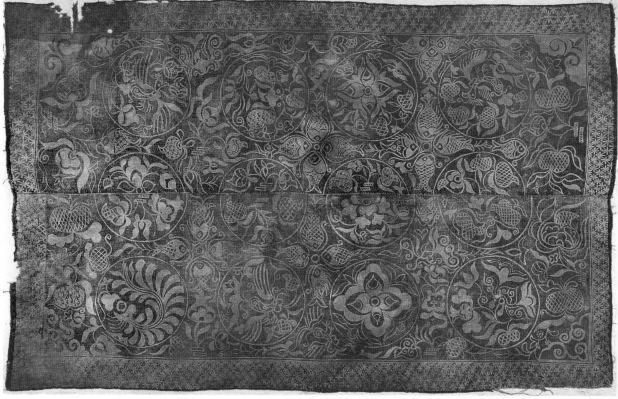

묘족(苗族) 납염(蠟染) 이불보[被面](상)
130×84.5cm
주요 문양: 금계(錦鷄), 까치, 벌레, 풀

검남(黔南) 삼도(三都)

수족(水族) 납염(蠟染) 이불보[被面](하)
147×89cm
주요 문양: 동고(銅鼓), 꽃, 새, 물고기, 과일

검동남(黔東南) 단채(丹寨)

수족(水族) 납염(蠟染) 이불보[被面](상)
133×83cm
주요 문양: 꽃, 새

검동남(黔東南) 단채(丹寨)

묘족(苗族) 납염(蠟染) 이불보[被面](하)
147.5×85.5cm
주요 문양: 화미조(畵眉鳥), 꽃, 과일

검동남(黔東南) 단채(丹寨)

묘족(苗族) 납염(蠟染) 이불보[被面](좌측)
130×86cm
주요 문양: 동고(銅鼓), 화미조(畫眉鳥), 짐승, 꽃, 과일

검남(黔南) 삼도(三都)

묘족(苗族) 납염(蠟染) 이불보[被面](상)
주요 문양: 수탉, 꽃, 과일

검동남(黔東南) 단채(丹寨)

묘족(苗族) 납염(蠟染) 이불보[被面](하)
141×88cm
주요 문양: 꿩, 꽃, 과일, 물고기

검동남(黔東南) 단채(丹寨)

• 129 •

묘족(苗族) 납염(蠟染) 이불보[被面]
144×93cm
주요 문양: 꽃, 과일

검동남(黔東南) 단채(丹寨)

묘족(苗族) 바구니 덮개[盖籃帕]
주요 문양: 꽃, 새, 물고기, 벌레

검남(黔南) 삼도(三都)

묘족(苗族) 납염(蠟染) 성장(盛裝) 소매장식(2점)
주요 문양: 나선[螺旋, 와타(窩妥)]

검동남(黔東南) 단채(丹寨)

묘족(苗族) 납염(蠟染) 보자기[包帕]
주요 문양: 석류, 화훼(花卉)

검동남(黔東南) 단채(丹寨)

묘족(苗族) 납염(蠟染) 보자기[包帕]
주요 문양: 새, 꽃, 과일

검동남(黔東南) 단채(丹寨)

수족(水族) 납염(蠟染) 이불보[被面](상)
주요 문양: 꽃, 새, 물고기, 나비, 짐승

검동남(黔東南) 단채(丹寨)

묘족(苗族) 납염(蠟染) 이불보[被面](하)
주요 문양: 꿩, 산비둘기, 꽃

검동남(黔東南) 단채(丹寨)

수족(水族) 납염(蠟染) 이불보[被面](상)
주요 문양: 꽃, 새, 물고기, 과일

검동남(黔東南) 단채(丹寨)

수족(水族) 납염(蠟染) 이불보[被面](하)
주요 문양: 마름모[菱形], 나선(螺旋)

검남(黔南) 삼도(三都)

묘족(苗族) 납염(蠟染) 이불보[被面]
131×90cm
주요 문양: 석류, 꽃, 새

검남(黔南) 삼도(三都)

수족(水族) 납염(蠟染) 이불보[被面]
주요 문양: 병어[扁魚], 꿩, 꽃

검남(黔南) 삼도(三都)

묘족(苗族) 여자아이 옷
주요 문양: 꽃병, 나비

검남(黔南) 삼도(三都)

흑령묘식(黑領苗式) 납염(蠟染)

묘족(苗族) 납염(蠟染) 고장번(牯髒幡)
(중간 · 우측)
390×38.5cm
주요 문양: 태양, 새, 용

검남(黔南) 삼도(三都)

묘족(苗族) 납염(蠟染) 고장복(牯髒服)(좌측)
상의[衣]: 63×133cm
치마[裙]: 67×73cm
주요 문양: 꽃, 새

검남(黔南) 삼도(三都)

묘족(苗族) 납판(蠟版) 고장번(牯髒幡)
(좌측, 부분)
375×29.5cm
주요 문양: 물고기, 용

검남(黔南) 삼도(三都)

묘족(苗族) 납염(蠟染) 고장복(牯髒服)(뒷면)
상의[衣] 63×133cm
치마[裙] 67×73cm
주요 문양: 조두룡(鳥頭龍)

검남(黔南) 삼도(三都)

묘족(苗族) 납염(蠟染) 배두렁이[肚兜](상)
92×74.5cm
주요 문양: 조두룡(鳥頭龍), 병어[扁魚]

검남(黔南) 삼도(三都)

묘족(苗族) 납염(蠟染) 배두렁이[肚兜](하단 좌측)
83×77cm
주요 문양: 조두룡(鳥頭龍), 병어[扁魚]

검남(黔南) 삼도(三都)

묘족(苗族) 납염(蠟染) 배두렁이[肚兜](하단 우측)
91×75cm
주요 문양: 태양, 병어[扁魚]

검남(黔南) 삼도(三都)

묘족(苗族) 납염(蠟染) 고장번(牯髒幡)(부분)
710×42cm
주요 문양: 조두룡(鳥頭龍)

검남(黔南) 삼도(三都)

묘족(苗族) 납염(蠟染) 고장번(牯臟幡)
주요 문양: 물고기, 새, 나비

검동남(黔東南) 용강(榕江)

묘족(苗族) 납염(蠟染) 고장번(牯髒幡)
세부 문양(142 · 143쪽)

묘족(苗族) 납염(蠟染) 고장번(牯髒幡)
주요 문양: 동고(銅鼓), 사람, 새, 나비, 물고기

검동남(黔東南) 용강(榕江)

묘족(苗族) 납염(蠟染) 고장번(牯髒幡)
주요 문양: 동고(銅鼓), 집, 사람, 새, 물고기

검동남(黔東南) 용강(榕江)

묘족(苗族) 납염(蠟染) 고장번(牯髒幡)
주요 문양: 물고기, 새, 나비

검동남(黔東南) 용강(榕江)

묘족(苗族) 납염(蠟染) 고장번(牯髒幡)
세부 문양(150 · 151쪽)

묘족(苗族) 납염(蠟染) 상의(上衣)(뒷면)
100×170cm
주요 문양: 사람, 동물, 집

검동남(黔東南) 용강(榕江)

묘족(苗族) 납염(蠟染) 고장번(牯髒幡)(부분)
710×42cm
주요 문양: 조두룡(鳥頭龍)

검남(黔南) 삼도(三都)

묘족(苗族) 납염(蠟染) 상의(上衣)
100×170cm
주요 문양: 사람, 동물, 집

검동남(黔東南) 용강(榕江)

묘족(苗族) 납염(蠟染) 상의(上衣)
주요 문양: 사람, 동물

검동남(黔東南) 용강(榕江)

(앞면)

묘족(苗族) 납염(蠟染) 상의(上衣)
주요 문양: 사람, 동물, 집

검동남(黔東南) 용강(榕江)

(뒷면)

(뒷면)

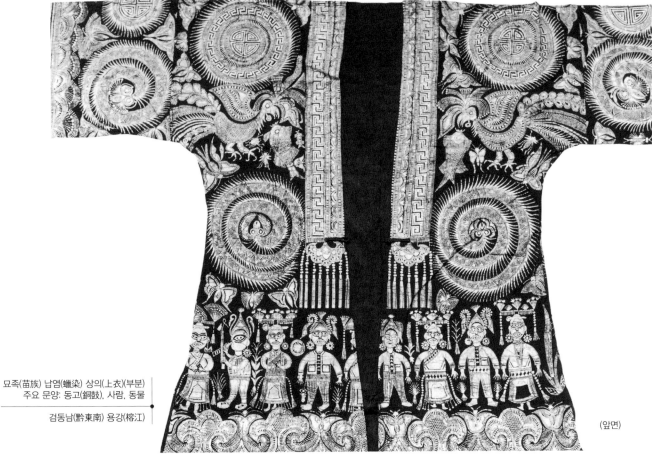

묘족(苗族) 납염(蠟染) 상의(上衣)(부분)
주요 문양: 동고(銅鼓), 사람, 동물

검동남(黔東南) 용강(榕江)

(앞면)

묘족(苗族) 납염(蠟染) 상의(上衣)
주요 문양: 사람, 동물

검동남(黔東南) 용강(榕江)

묘족(苗族) 납염(蠟染) 고장복(牯髒服) 저고리와 치마[衣裙]
주요 문양: 조두룡(鳥頭龍), 물고기

검동남(黔東南) 용강(榕江)

묘족(苗族) 납염(蠟染) 고장번(牯髒幡)(부분)
주요 문양: 사람, 새, 용

검남(黔南) 삼도(三都)

묘족(苗族) 납염(蠟染) 고장번(牯髒幡)(부분)
주요 문양: 물고기, 벌레, 새, 용

검남(黔南) 삼도(三都)

묘족(苗族) 납염(蠟染) 고장번(牿髒幡)(부분)
주요 문양: 꽃, 새, 물고기, 벌레, 풀, 용

검남(黔南) 삼도(三都)

묘족(苗族) 납염(蠟染) 고장번(牯髒幡)
주요 문양: 나비, 용, 새, 물고기

검동남(黔東南) 용강(榕江)

묘족(苗族) 납염(蠟染) 고장번(牯髒幡)(부분)
주요 문양: 동고(銅鼓), 사람, 새

검동남(黔東南) 용강(榕江)

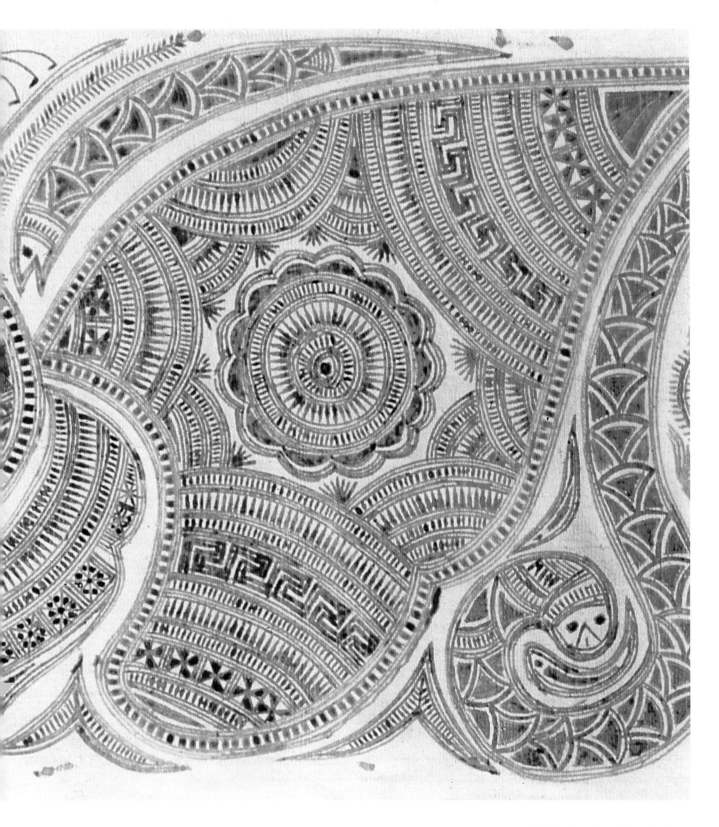

묘족(苗族) 납판(蠟版) 고장번(牯髒幡)(부분)

묘족(苗族) 납염(蠟染) 고장번(牯髒幡)(부분)

묘족(苗族) 납염(蠟染) 고장번(牯髒幡)
주요 문양: 동고(銅鼓), 사람, 새, 나비, 용

검동남(黔東南) 용강(榕江)

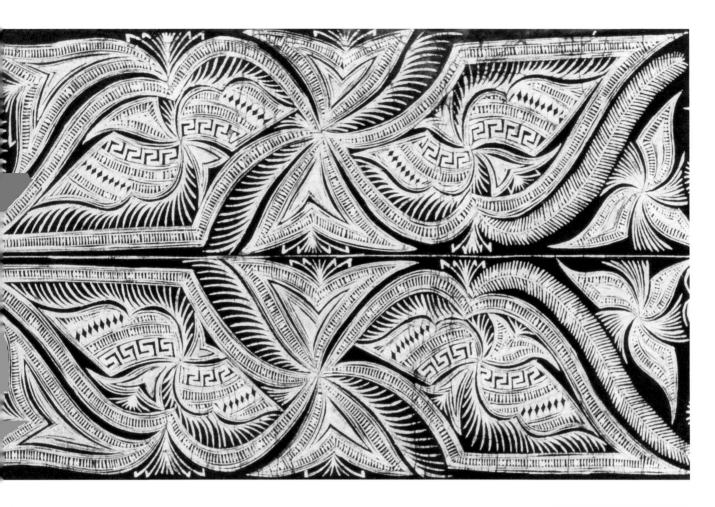

묘족(苗族) 납염(蠟染) 고장번(牯髒幡)
세부 문양(174 · 175쪽)

묘족(苗族) 납염(蠟染) 고장번(牯髒幡)(부분)
380×39cm
주요 문양: 동고(銅鼓), 물고기, 새

검남(黔南) 삼도(三都)

묘족(苗族) 납염(蠟染) 고장번(牯髒幡)(부분)
주요 문양: 꽃, 새, 물고기, 벌레, 풀, 용

검남(黔南) 삼도(三都)

묘족(苗族) 납염(蠟染) 고장번(牯髒幡)(부분)
주요 문양: 용, 꽃, 새, 물고기, 벌레, 풀

검남(黔南) 삼도(三都)

묘족(苗族) 납염(蠟染) 고장번(牯髒幡)(부분)
주요 문양: 용, 꽃, 새, 물고기, 벌레, 풀

검남(黔南) 삼도(三都)

飛雲山刑蠟染

비운산형납염

혁가(僰家)의 중년 부인들로, 양쪽은 성장(盛裝)을 하였고, 가운데는 평상복 차림이다.

납염(蠟染) 의상을 만드는 혁가의 여인(상)
납염 의상을 입은 혁가의 여인과 그녀의 두 아이(하단 좌측)
혁가 소녀의 머리 위에 장식된 홍영(紅纓), 미혼을 표시(하단 우측)

합룡절(哈龍節)에 노생(蘆笙, 생황)을 연주하는 혁가(僅家) 젊은이로, 남성 성장(盛裝)은 한때 전해지지 않았으나 최근에 복원되었다.

황평현(黃平縣) 상풍향채(上楓香寨)의 납염(蠟染) 전문가 왕령영(王靈英)

자신의 혼수를 직접 준비하는 개리시(凱里市) 황묘채(黃猫寨)의 혁가 소녀

혁가(僕家) 납염(蠟染) 손수건[手帕]
주요 문양: 눈썹

검동남(黔東南) 황평(黃平)

혁가(犵家) 납염(蠟染) 보자기[包帕]
주요 문양: 조롱박[葫蘆]

검동남(黔東南) 황평(黃平)

혁가(僅家) 납염(蠟染) 앞치마[圍腰]
주요 문양: 물고기, 새

검동남(黔東南) 황평(黃平)

혁가(僅家) 납염(蠟染) 손수건[手帕]
주요 문양: 나방

검동남(黔東南) 황평(黃平)

혁가(僙家) 납염(蠟染) 이불보[被面]
주요 문양: 동고(銅鼓), 꽃, 새

검동남(黔東南) 황평(黃平)

혁가(僙家) 납염(蠟染) 손수건[手帕]
주요 문양: 나방

검동남(黔東南) 황평(黃平)

혁가(偅家) 납염(蠟染) 보자기[包帕]
주요 문양: 국화

검동남(黔東南) 황평(黃平)

혁가(偅家) 납염(蠟染) 보자기[包帕]
주요 문양: 조롱박[葫蘆]

검동남(黔東南) 황평(黃平)

혁가(僮家) 납염(蠟染) 보자기[包帕]
주요 문양: 나선(螺旋), 새

검동남(黔東南) 황평(黃平)

혁가(僮家) 납염(蠟染) 보자기[包帕]
주요 문양: 동고(銅鼓), 나방, 등꽃[藤花]

검동남(黔東南) 황평(黃平)

혁가(僅家) 납염(蠟染) 보자기[包帕]
주요 문양: 동고(銅鼓), 계군(鷄群)

검동남(黔東南) 황평(黃平)

혁가(僅家) 납염(蠟染) 손수건[手帕]
주요 문양: 새

검동남(黔東南) 황평(黃平)

혁가(僙家) 납염(蠟染) 모자 뒤 장식
주요 문양: 누에나방

검동남(黔東南) 황평(黃平)

혁가(僙家) 납염(蠟染) 손수건[手帕]
주요 문양: 새, 눈썹

검동남(黔東南) 황평(黃平)

혁가(僅家) 납염(蠟染) 손수건[手帕]
주요 문양: 누에나방

검동남(黔東南) 황평(黃平)

혁가(僅家) 납염(蠟染) 손수건[手帕]
주요 문양: 나방, 나선(螺旋)

검동남(黔東南) 황평(黃平)

혁가(僅家) 납염(蠟染) 베갯잇 장식(우측)
주요 문양: 동고(銅鼓), 새, 눈썹

검동남(黔東南) 황평(黃平)

• 196 •

혁가(僯家) 납염(蠟染) 보자기[包帕]
주요 문양: 새

검동남(黔東南) 황평(黃平)

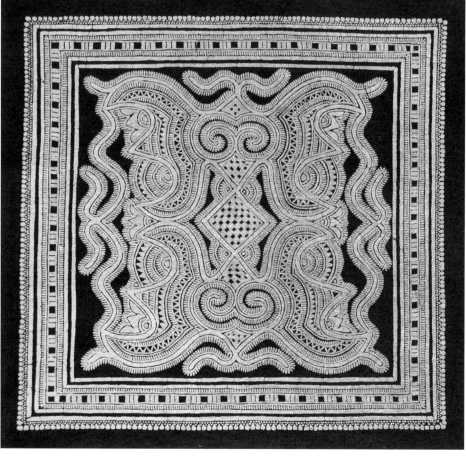

혁가(僯家) 납염(蠟染) 손수건[手帕]
주요 문양: 눈썹

검동남(黔東南) 황평(黃平)

혁가(僯家) 납염(蠟染) 이불보[被面](우측)
주요 문양: 동고(銅鼓), 나방, 누에번데기

검동남(黔東南) 황평(黃平)

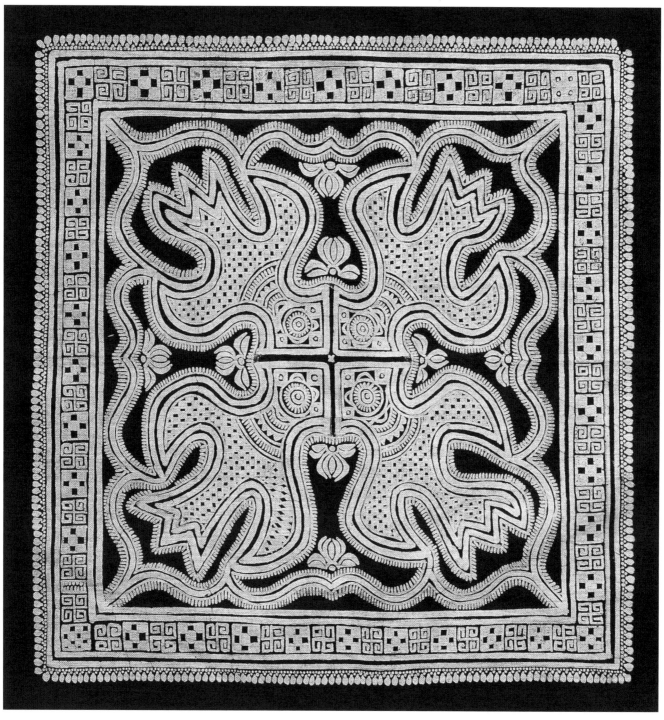

혁가(僖家) 납염(蠟染) 보자기[包帕]
주요 문양: 제비

검동남(黔東南) 황평(黃平)

혁가(僙家) 납염(蠟染) 보자기[包帕]
주요 문양: 제비

검동남(黔東南) 황평(黃平)

혁가(僙家) 납염(蠟染) 보자기[包帕]
주요 문양: 국화, 권초(卷草)

검동남(黔東南) 황평(黃平)

혁가(僳家) 납염(蠟染) 보자기[包帕]
주요 문양: 누에

검동남(黔東南) 황평(黃平)

혁가(僳家) 납판(蠟版) 보자기[包帕]
주요 문양: 누에나방, 누에고치

검동남(黔東南) 황평(黃平)

혁가(僙家) 납염(蠟染) 보자기[包帕]
주요 문양: 동고(銅鼓), 권초(卷草), 새

검동남(黔東南) 황평(黃平)

혁가(僙家) 납염(蠟染) 보자기[包帕]
주요 문양: 물고기

검동남(黔東南) 황평(黃平)

혁가(僅家) 납염(蠟染) 보자기[包帕]
73×73cm
주요 문양: 동고(銅鼓), 누에나방, 새

검동남(黔東南) 황평(黃平)

혁가(僅家) 납염(蠟染) 보자기[包帕]
76×76cm
주요 문양: 등꽃[藤花]

검동남(黔東南) 황평(黃平)

혁가(僮家) 납염(蠟染) 보자기[包帕]
71×70cm
주요 문양: 동고(銅鼓), 새

검동남(黔東南) 황평(黃平)

혁가(僮家) 납염(蠟染) 보자기[包帕]
71×70cm
주요 문양: 동고(銅鼓), 수탉, 누에나방

검동남(黔東南) 황평(黃平)

혁가(僳家) 납염(蠟染) 보자기[包帕]
72×72cm
주요 문양: 동고(銅鼓), 매[鷹]

검동남(黔東南) 황평(黃平)

혁가(僳家) 납염(蠟染) 보자기[包帕]
75×71㎝
주요 문양: 동고(銅鼓), 제비

검동남(黔東南) 개리(凱里)

혁가(僙家) 납염(蠟染) 보자기[包帕]
64×62cm
주요 문양: 동고(銅鼓), 제비

검동남(黔東南) 황평(黃平)

혁가(僙家) 납염(蠟染) 보자기[包帕]
69×67cm
주요 문양: 동고(銅鼓), 봉황

검동남(黔東南) 황평(黃平)

혁가(僅家) 납염(蠟染) 보자기[包帕]
74×70cm
주요 문양: 동고(銅鼓), 청개구리, 새

검동남(黔東南) 황평(黃平)

혁가(僅家) 납염(蠟染) 보자기[包帕]
69×69cm
주요 문양: 누에고치, 누에나방

검동남(黔東南) 개리(凱里)

혁가(僅家) 납염(蠟染) 보자기[包帕]
67×66cm
주요 문양: 동고(銅鼓), 닭, 물고기

검동남(黔東南) 개리(凱里)

혁가(僅家) 납염(蠟染) 보자기[包帕]
76×76cm
주요 문양: 동고(銅鼓), 누에나방

검동남(黔東南) 개리(凱里)

혁가(僕家) 납염(蠟染) 보자기[包帕]
76×72cm
주요 문양: 동고(銅鼓), 누에나방, 새

검동남(黔東南) 황평(黃平)

혁가(僕家) 납염(蠟染) 보자기[包帕]
68×67cm
주요 문양: 동고(銅鼓), 누에번데기, 나방

검동남(黔東南) 황평(黃平)

혁가(僕家) 납염(蠟染) 보자기[包帕]
70×70cm
주요 문양: 동고(銅鼓), 누에나방, 새

검동남(黔東南) 황평(黃平)

혁가(俫家) 납염(蠟染) 보자기[包帕]
77×77㎝
주요 문양: 동고(銅鼓), 나방, 덩굴, 꽃

검동남(黔東南) 황평(黃平)

혁가(僷家) 납염(蠟染) 보자기[包帕]
70×67cm
주요 문양: 누에, 누에나방, 등라(藤蘿, 등나무), 새

검동남(黔東南) 황평(黃平)

혁가(僷家) 납염(蠟染) 보자기[包帕]
74×69cm
주요 문양: 나방, 청개구리, 동고(銅鼓)

검동남(黔東南) 황평(黃平)

혁가(僅家) 납염(蠟染) 보자기[包帕]
71×69.5cm
주요 문양: 누에, 등라(藤蘿, 등나무), 꽃

검동남(黔東南) 황평(黃平)

혁가(僅家) 납염(蠟染) 보자기[包帕]
73×71cm
주요 문양: 새, 나방, 동고(銅鼓)

검동남(黔東南) 황평(黃平)

혁가(僅家) 납염(蠟染) 보자기[包帕]
75×75㎝
주요 문양: 나방, 꽃

검동남(黔東南) 개리(凱里)

혁가(僅家) 납염(蠟染) 보자기[包帕]
69×64㎝
주요 문양: 석류, 수탉, 꽃, 풀

검동남(黔東南) 황평(黃平)

혁가(僅家) 납염(蠟染) 보자기[包帕]
73×73㎝
주요 문양: 동고(銅鼓), 매[鷹], 누에나방

검동남(黔東南) 황평(黃平)

혁가(僅家) 납염(蠟染) 보자기[包帕]
78×74㎝
주요 문양: 동고(銅鼓), 나방, 꿩

검동남(黔東南) 개리(凱里)

혁가(僕家) 납염(蠟染) 보자기[包帕]
주요 문양: 동고(銅鼓), 새, 나비

검동남(黔東南) 개리(凱里)

혁가(僅家) 납염(蠟染) 배선(背扇)
주요 문양: 동고(銅鼓)

검동남(黔東南) 황평(黃平)

혁가(僅家) 납염(蠟染) 배선(背扇)
주요 문양: 사각형과 마름모의 조합

검동남(黔東南) 황평(黃平)

혁가(僄家) 납염(蠟染) 밥 바구니 덮개(상)　　혁가(僄家) 납염(蠟染) 우산 주머니(중)　　혁가(僄家) 납판(蠟版) 두건[頭帕](하)
87×34cm　　　　　　　　　　　　　　　265×24.5cm　　　　　　　　　　　　36.5×21.5cm
▶ 주요 문양: 동고(銅鼓), 권초(卷草)　　▶ 주요 문양: 동고(銅鼓), 새　　　　▶ 주요 문양: 권초(卷草)

검동남(黔東南) 황평(黃平)　　　　　　　검동남(黔東南) 황평(黃平)　　　　　검동남(黔東南) 황평(黃平)

혁가(僅家) 납염(蠟染) 사각수건[方帕]
25×24.5cm
주요 문양: 물고기, 새

검동남(黔東南) 황평(黃平)

혁가(僅家) 납염(蠟染) 두건(頭巾)
주요 문양: 구름, 권초(卷草)

검동남(黔東南) 황평(黃平)

혁가(僎家) 납염(蠟染) 사각수건[方帕]
주요 문양: 물고기, 새

검동남(黔東南) 황평(黃平)

혁가(僎家) 납염(蠟染) 사각수건[方帕]
주요 문양: 새, 꽃, 풀

검동남(黔東南) 황평(黃平)

혁가(僅家) 납염(蠟染) 앞치마[圍腰]
35×22cm
주요 문양: 권초(卷草), 꽃

검동남(黔東南) 황평(黃平)

묘족(苗族) 납염(蠟染) 손수건[手帕]
30×30cm
주요 문양: 새, 꽃, 풀

검동남(黔東南) 황평(黃平)

혁가(僮家) 납염(蠟染) 모자 뒤 장식(좌측)
34.5×26.5cm
주요 문양: 나방, 새

검동남(黔東南) 개리(凱里)

혁가(僮家) 납염(蠟染) 문발[門簾]
주요 문양: 동고(銅鼓), 새, 나방, 꽃

검동남(黔東南) 황평(黃平)

혁가(僕家) 납염(蠟染) 문발[門簾]
주요 문양: 나방, 누에번데기

검동남(黔東南) 황평(黃平)

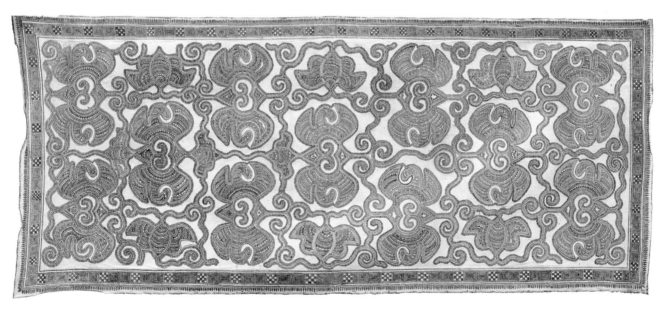

혁가(僅家) 납판(蠟版) 문발[門簾](상)
주요 문양: 동고(銅鼓), 제비

검동남(黔東南) 황평(黃平)

묘족(苗族) 납판(蠟版) 옷소매
조각(중)
주요 문양: 나선[螺旋, 와타(窩妥)]

검동남(黔東南) 황평(黃平)

혁가(僅家) 납판(蠟版) 문발[門簾](하)
주요 문양: 나방, 나비

검동남(黔東南) 황평(黃平)

혁가(僆家) 납판(蠟版) 모자 뒤 장식
주요 문양: 물결, 나선(螺旋)

검동남(黔東南) 황평(黃平)

혁가(僆家) 납판(蠟版) 보자기[包帕]
주요 문양: 매[鷹], 금붕어, 동고(銅鼓)

검동남(黔東南) 황평(黃平)

혁가(僕家) 납판(蠟版) 보자기[包帕]
주요 문양: 누에, 마름모

검동남(黔東南) 황평(黃平)

혁가(僮家) 납판(蠟版) 이불보[被面](좌측)
주요 문양: 나비, 나방

검동남(黔東南) 황평(黃平)

혁가(僮家) 납판(蠟版) 배선(背扇) 장식
주요 문양: 새, 나비

검동남(黔東南) 황평(黃平)

혁가(犵家) 납판(蠟版) 보자기[包帕]
78×73cm
주요 문양: 동고(銅鼓), 나방

검동남(黔東南) 황평(黃平)

혁가(犵家) 납판(蠟版) 배선(背扇)
77×70cm
주요 문양: 제비, 참새, 물고기

검동남(黔東南) 황평(黃平)

혁가(僅家) 납판(蠟版) 보자기[包帕]
72×72cm
주요 문양: 청개구리, 꽃

검동남(黔東南) 황평(黃平)

혁가(僅家) 납판(蠟版) 배선(背扇)
76×69cm
주요 문양: 새, 청개구리, 나방

검동남(黔東南) 황평(黃平)

혁가(僙家) 납판(蠟版) 배선(背扇)
81×73cm
주요 문양: 동고(銅鼓), 권초(卷草), 새

검동남(黔東南) 황평(黃平)

혁가(僙家) 납판(蠟版) 배선(背扇)
80×74cm
주요 문양: 동고(銅鼓), 참새, 제비

검동남(黔東南) 황평(黃平)

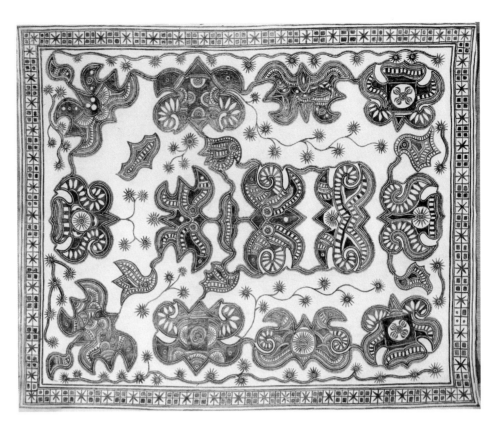

혁가(僳家) 납판(蠟版) 보자기[包帕]
주요 문양: 제비

검동남(黔東南) 황평(黃平)

혁가(僳家) 납판(蠟版) 배선(背扇)
81×73㎝
주요 문양: 누에, 누에번데기, 누에나방

검동남(黔東南) 황평(黃平)

혁가(僱家) 납판(蠟版) 보자기[包帕]
68×67cm
주요 문양: 누에, 누에나방

검동남(黔東南) 황평(黃平)

혁가(僱家) 납판(蠟版) 배선(背扇)
79×73cm
주요 문양: 새, 기하형(幾何形)

검동남(黔東南) 황평(黃平)

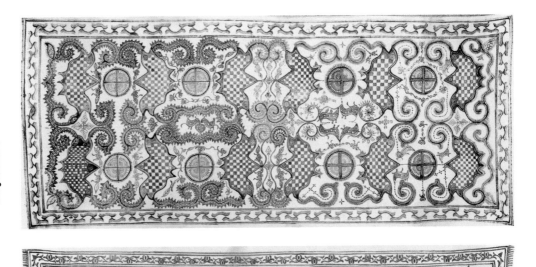

혁가(僅家) 납판(蠟版) 문발[門簾]
120×63cm
주요 문양: 동고(銅鼓), 나방, 새

검동남(黔東南) 황평(黃平)

혁가(僅家) 납판(蠟版) 문발[門簾]
121×63cm
주요 문양: 동고(銅鼓), 제비, 꽃, 풀

검동남(黔東南) 황평(黃平)

혁가(僅家) 납판(蠟版) 문발[門簾]
124×63cm
주요 문양: 동고(銅鼓), 새, 꽃,

검동남(黔東南) 황평(黃平)

혁가(僅家) 납판(蠟版) 문발[門簾]
120×63cm
주요 문양: 제비, 참새, 꽃, 물고기

검동남(黔東南) 황평(黃平)

혁가(僅家) 납염(蠟染) 앞치마[圍腰](좌측)
주요 문양: 동고(銅鼓), 꽃, 새

검동남(黔東南) 황평(黃平)

혁가(僅家) 납염(蠟染) 앞치마[圍腰]
78.5×71㎝
주요 문양: 동고(銅鼓), 꽃, 새

검동남(黔東南) 황평(黃平)

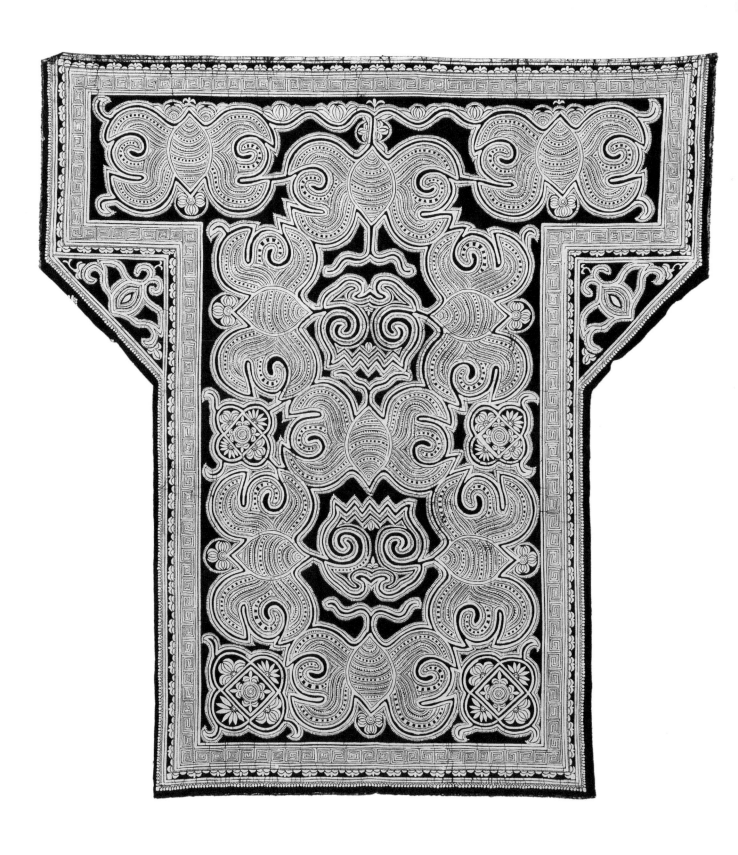

혁가(僅家) 납염(蠟染) 배선(背扇)
주요 문양: 동고(銅鼓), 비조(飛鳥), 나비

검동남(黔東南) 황평(黃平)

혁가(僕家) 납염(蠟染) 배선(背扇)
주요 문양: 동고(銅鼓), 새

검동남(黔東南) 황평(黃平)

혁가(僅家) 납염(蠟染) 앞치마[圍腰](좌측)
주요 문양: 새, 태양

검동남(黔東南) 황평(黃平)

혁가(僅家) 납염(蠟染) 배선(背扇)
주요 문양: 새, 나방

검동남(黔東南) 황평(黃平)

혁가(僳家) 납염(蠟染) 의배(衣背)
주요 문양: 새, 나방

검동남(黔東南) 황평(黃平)

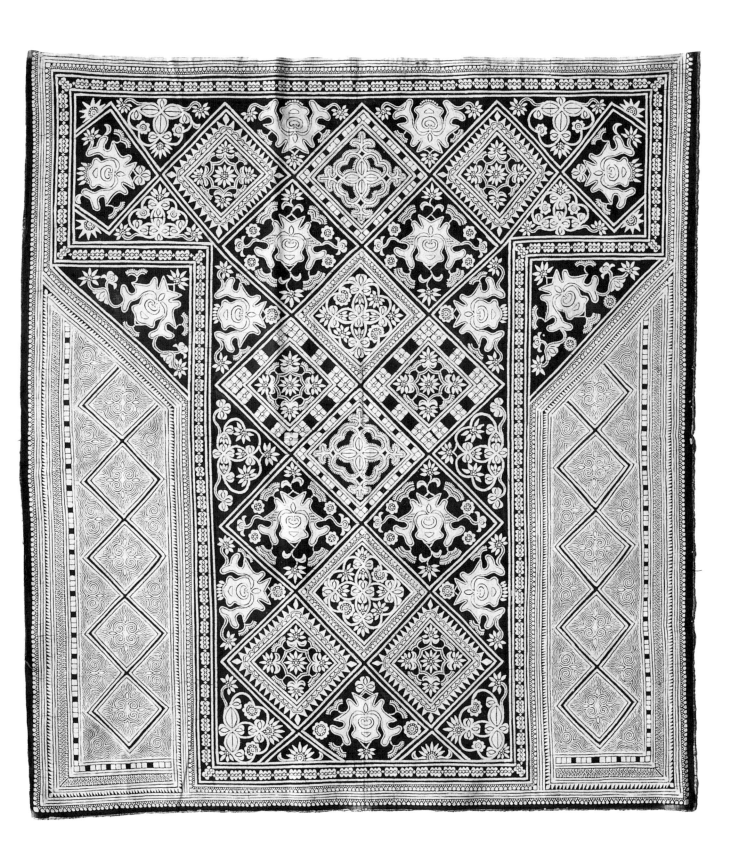

혁가(革家) 납염(蠟染) 배선탑(背扇搭)
주요 문양: 꽃, 풀

검동남(黔東南) 황평(黃平)

혁가(僅家) 납판(蠟版) 배선(背扇)
74×71.5cm
주요 문양: 누에나방

검동남(黔東南) 황평(黃平)

혁가(犵家) 납염(蠟染) 배선(背扇)
70×67cm
주요 문양: 참새, 제비

검동남(黔東南) 황평(黃平)

혁가(僙家) 납염(蠟染) 의배(衣背)
주요 문양: 새, 동고(銅鼓)

검동남(黔東南) 황평(黃平)

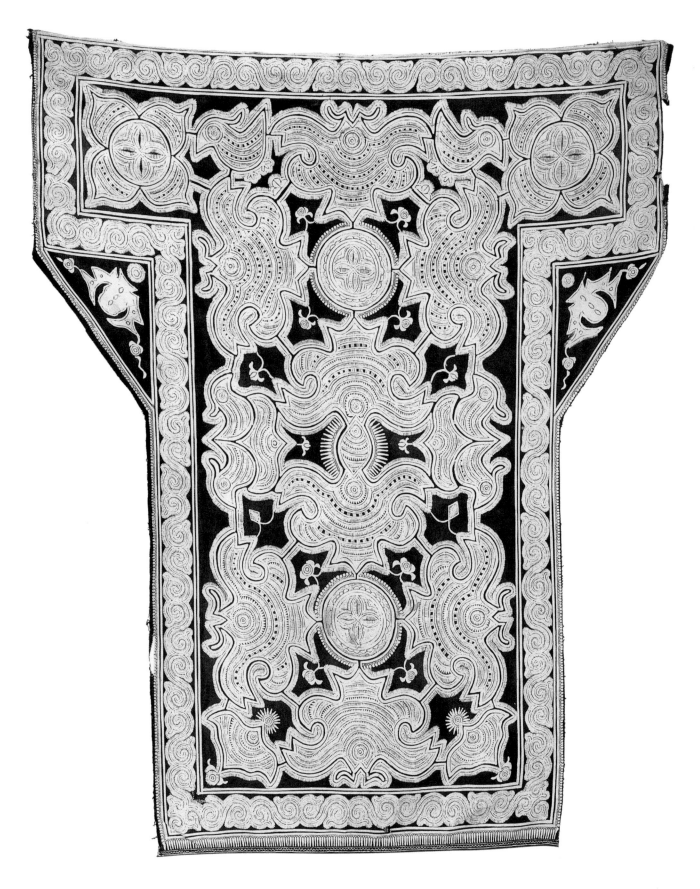

혁가(革家) 납염(蠟染) 의배(衣背)
주요 문양: 나방, 동고(銅鼓)

검동남(黔東南) 황평(黃平)

혁가(僅家) 납염(蠟染) 배선(背扇)
70×70㎝
주요 문양: 꽃, 새, 나방, 기하형(幾何形)

검동남(黔東南) 황평(黃平)

혁가(僅家) 납염(蠟染) 배선(背扇)
73×67㎝
주요 문양: 동고(銅鼓), 꽃, 풀

검동남(黔東南) 황평(黃平)

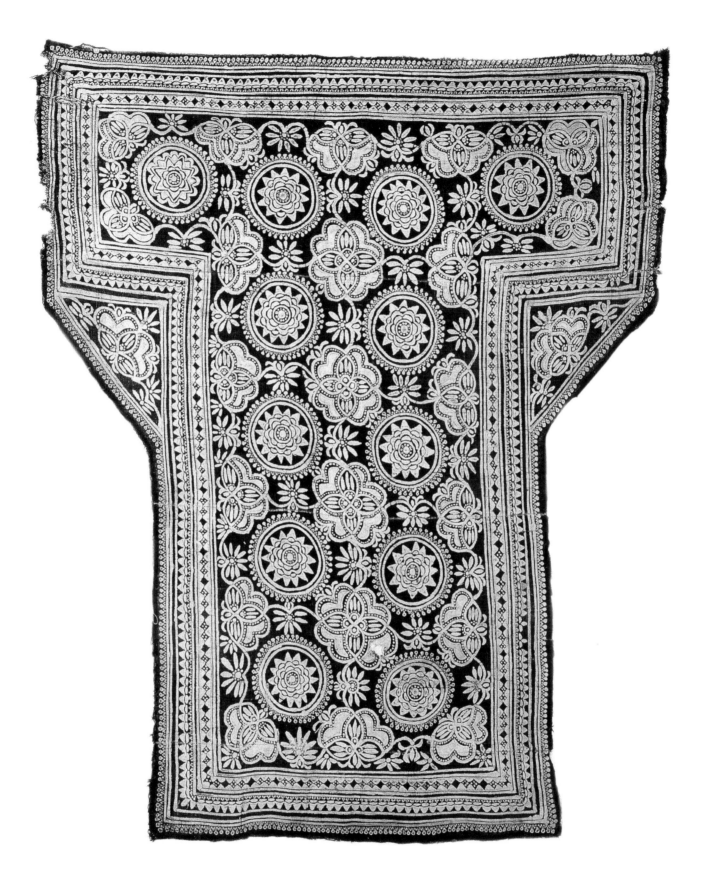

혁가(革家) 납염(蠟染) 배선(背扇)
81×69cm
주요 문양: 동고(銅鼓), 꽃, 풀

검동남(黔東南) 황평(黃平)

혁가(僎家) 납염(蠟染) 배선(背扇)
80×67cm
주요 문양: 동고(銅鼓), 나방, 새

검동남(黔東南) 황평(黃平)

묘족(苗族) 납염(蠟染) 장방형 수건[長方帕]
주요 문양: 용, 옛날 돈, 나비, 풀

검동남(黔東南) 용강(榕江)

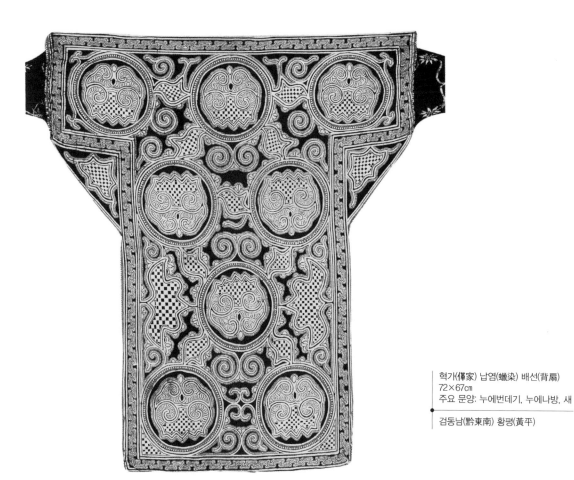

혁가(僮家) 납염(蠟染) 배선(背扇)
72×67cm
주요 문양: 누에번데기, 누에나방, 새

검동남(黔東南) 황평(黃平)

혁가(僮家) 납염(蠟染) 배선(背扇)
77×69cm
주요 문양: 동고(銅鼓), 꽃, 풀

검동남(黔東南) 황평(黃平)

혁가(僮家) 납염(蠟染) 배선(背扇)
80×70cm
주요 문양: 동고(銅鼓), 새, 꽃, 풀

검동남(黔東南) 황평(黃平)

혁가(僙家) 납염(蠟染) 배선(背扇)
76×66㎝
주요 문양: 참새, 제비

검동남(黔東南) 황평(黃平)

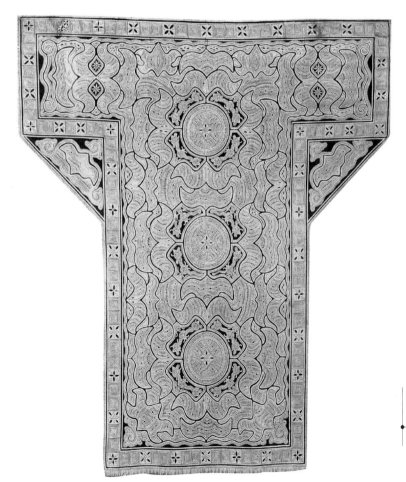

혁가(僙家) 납염(蠟染) 배선(背扇)
77.5×67㎝
주요 문양: 동고(銅鼓), 나방, 새

검동남(黔東南) 황평(黃平)

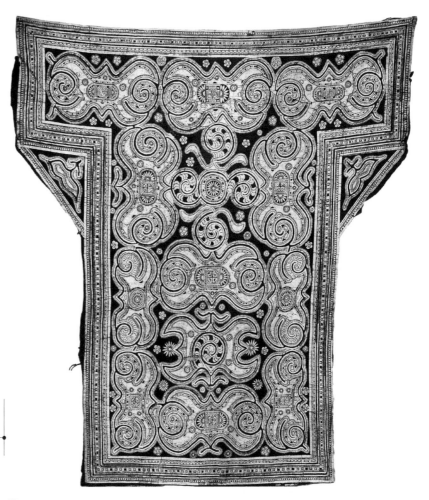

혁가(僄家) 납염(蠟染) 배선(背扇)
74×63cm
주요 문양: 누에, 나방

검동남(黔東南) 황평(黃平)

혁가(僄家) 납염(蠟染) 배선(背扇)
69×66cm
주요 문양: 제비, 참새

검동남(黔東南) 황평(黃平)

혁가(僮家) 납염(蠟染) 배선(背扇)
주요 문양: 꽃, 새, 나비

검동남(黔東南) 황평(黃平)

혁가(僆家) 납염(蠟染) 배선(背扇)
73×73cm
주요 문양: 제비, 참새, 꽃, 풀

검동남(黔東南) 황평(黃平)

혁가(僆家) 납염(蠟染) 배선(背扇)
80×70.5cm
주요 문양: 나방

검동남(黔東南) 황평(黃平)

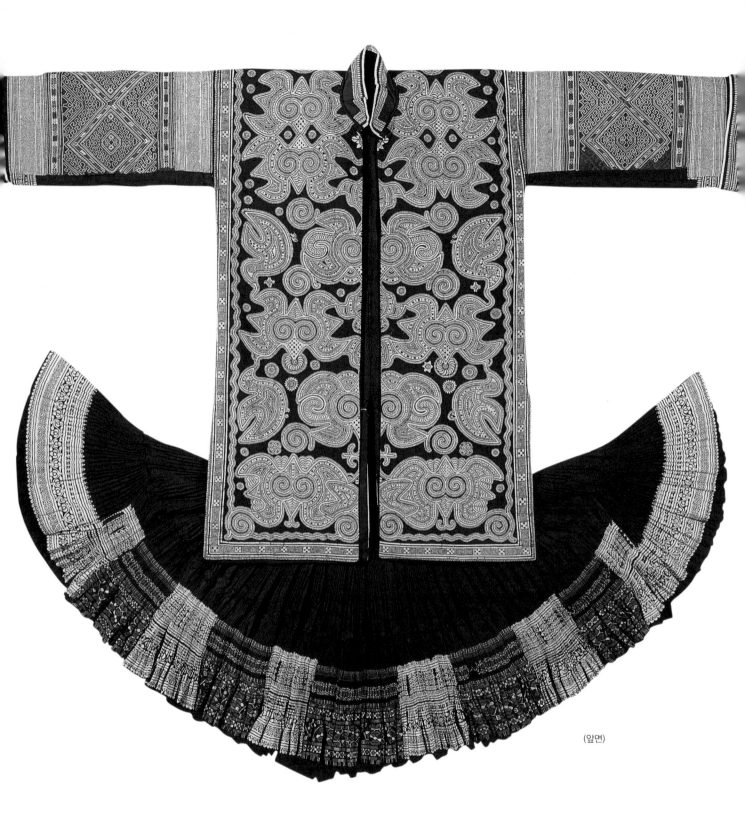

(앞면)

혁가(犽家) 납염(蠟染) 자수(刺繡) 성장(盛裝)
77×135cm
주요 문양: 제비, 참새

검동남(黔東南) 황평(黃平)

혁가(僅家) 납염(蠟染) 상의(上衣)
주요 문양: 제비, 참새

검동남(黔東南) 황평(黃平)

(앞면)

혁가(僮家) 납염(蠟染) 상의(上衣)
주요 문양: 동고(銅鼓), 꽃, 풀, 새

검동남(黔東南) 황평(黃平)

(뒷면)

• 261 •

혁가(僅家) 납염(蠟染) 복장(服裝)
주요 문양: 동고(銅鼓), 새, 꽃, 풀

검동남(黔東南) 황평(黃平)

혁가(僅家) 납염(蠟染) 복장(服裝)
80×120cm
주요 문양: 꽃, 새

검동남(黔東南) 황평(黃平)

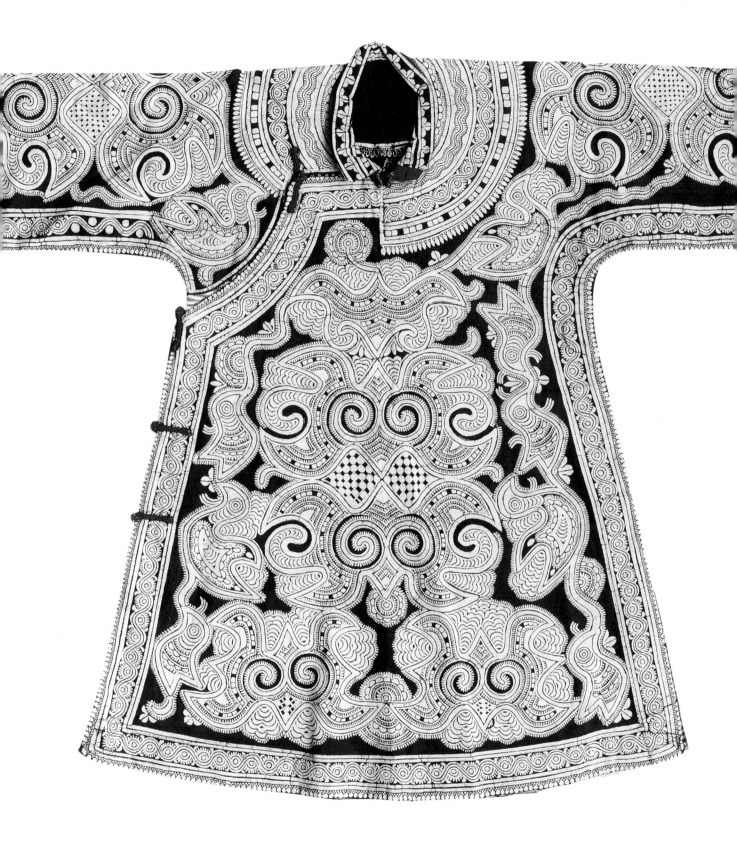

혁가(僅家) 납염(蠟染) 상의(上衣)
주요 문양: 꽃, 새, 나비

검동남(黔東南) 황평(黃平)

혁가(僅家) 납염(蠟染) 자수(刺繡) 성장(盛裝)
주요 문양: 동고(銅鼓), 새, 꽃, 풀

검동남(黔東南) 황평(黃平)

(앞면)

혁가(僷家) 납염(蠟染) 자수(刺繡) 상의(上衣)
77×139cm
주요 문양: 제비, 참새, 권초(卷草)

검동남(黔東南) 황평(黃平)

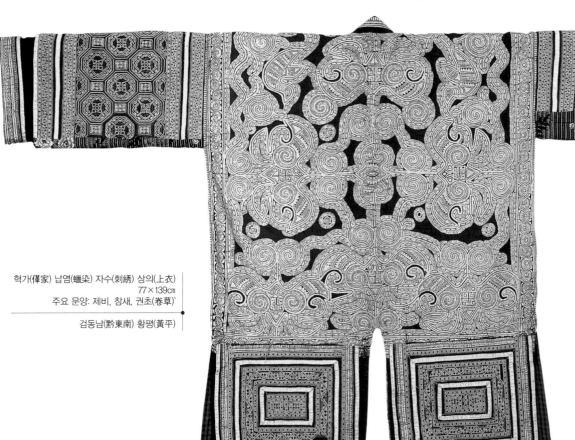

(뒷면)

(앞면)

(뒷면)

혁가(僙家) 납염(蠟染) 자수(刺繡) 상의(上衣)
74×122cm
주요 문양: 제비, 참새

검동남(黔東南) 황평(黃平)

(뒷면)

혁가(僅家) 납염(蠟染) 자수(刺繡) 성장(盛裝)
78×144cm
주요 문양: 동고(銅鼓), 꽃, 새

검동남(黔東南) 황평(黃平)

(앞면)

(뒷면)

혁가(㑶家) 납염(蠟染) 상의(上衣)
70×92㎝
주요 문양: 동고(銅鼓), 꽃, 새

검동남(黔東南) 황평(黃平)

(앞면)

(뒷면)

혁가(僮家) 납염(蠟染) 자수(刺繡) 상의(上衣)
77×147cm
주요 문양: 제비, 참새

검동남(黔東南) 황평(黃平)

(앞면)

혁가(僬家) 납염(蠟染) 자수(刺繡) 상의(上衣)
80×131cm
주요 문양: 제비, 권초(卷草)

검동남(黔東南) 황평(黃平)

(앞면)

(뒷면)

(뒷면)

(뒷면)

혁가(僰家) 납염(蠟染) 자수(刺繡) 상의(上衣)
82×139cm
주요 문양: 동고(銅鼓), 기하형(幾何形), 새

검동남(黔東南) 황평(黃平)

(앞면)

(뒷면)

혁가(僙家) 납염(蠟染) 자수(刺繡) 상의(上衣)
78×160㎝
주요 문양: 동고(銅鼓), 꽃, 풀, 새

검동남(黔東南) 황평(黃平)

(앞면)

(앞면)

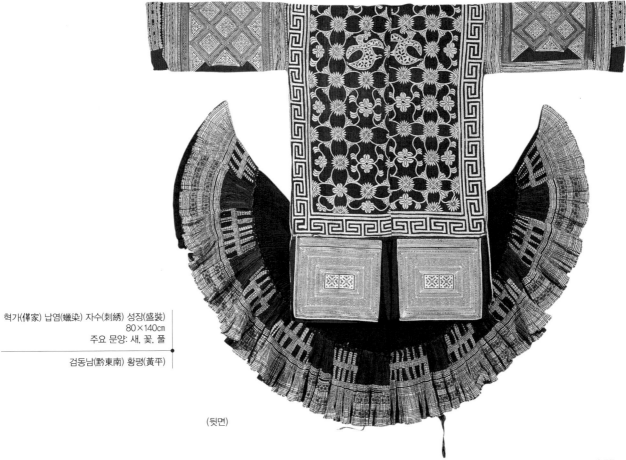

혁가(偉家) 납염(蠟染) 자수(刺繡) 성장(盛裝)
80×140cm
주요 문양: 새, 꽃, 풀

검동남(黔東南) 황평(黃平)

(뒷면)

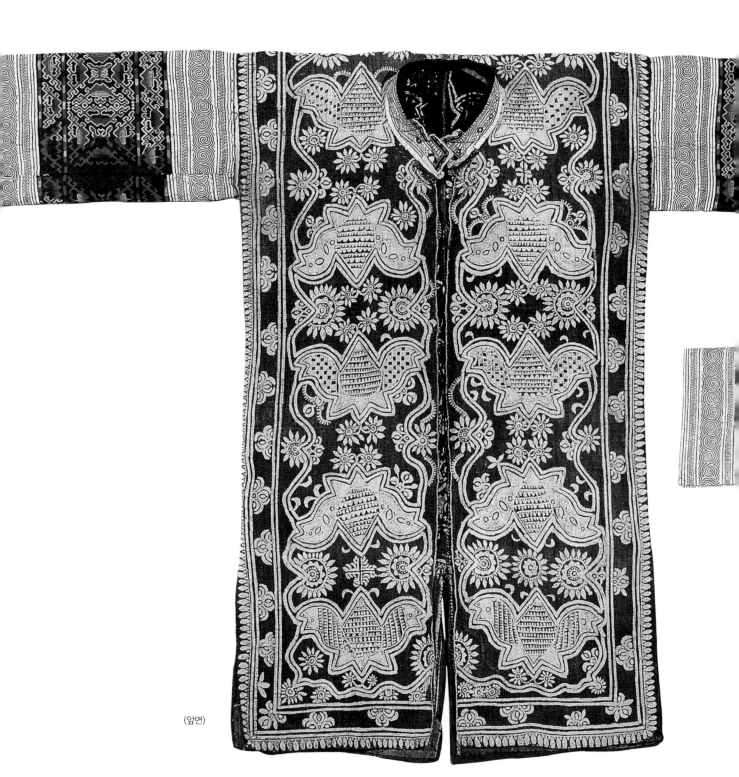

(앞면)

혁가(僷家) 납염(蠟染) 자수(刺繡) 상의(上衣)
80×107㎝
주요 문양: 꽃, 새

검동남(黔東南) 황평(黃平)

(뒷면)

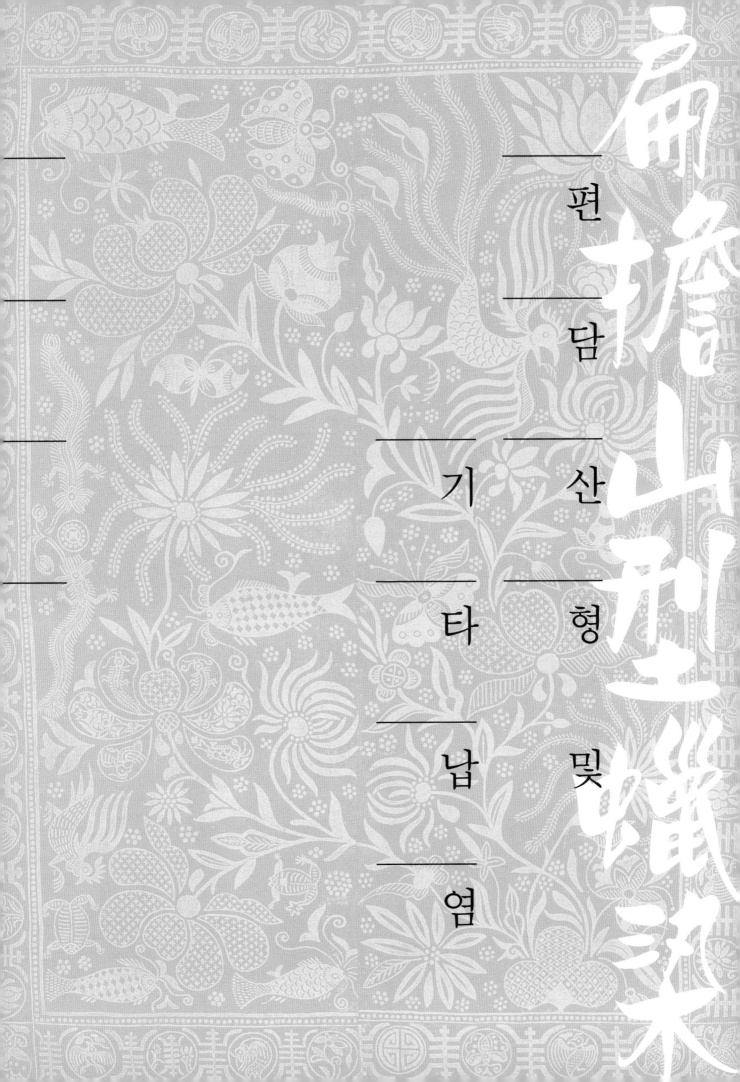

납염(蠟染)된 저고리와 치마를 입은 포의족(布依族) 노년 여성

납염 기술을 교류하고 있는 포의족 여성들

편담산(扁擔山) 지역의 포의족 마을

납화(蠟畵)를 그리고 있는 포의족(布依族) 소녀

낭초(浪哨, 사랑의 속삭임)를 함께 하고 있는 포의족 남녀

전수(傳授)

죽간무(竹杆舞)

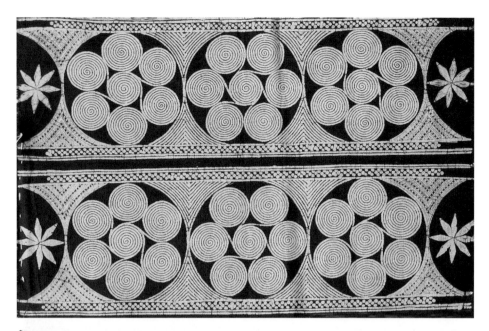

포의족(布依族) 납염(蠟染) 옷소매 장식
주요 문양: 와선(渦旋, 소용돌이)

안순(安順) 진녕(鎭寧)

포의족(布依族) 납염(蠟染) 옷소매 장식
주요 문양: 국화

안순(安順) 진녕(鎭寧)

묘족(苗族) 납염(蠟染)
저고리와 치마[衣裙] 장식
72.5×25㎝
주요 문양: 권초(卷草)

필절(畢節) 직금(織金)

포의족(布依族) 납염(蠟染) 옷소매 장식
주요 문양: 동고(銅鼓)

안순(安順) 진녕(鎭寧)

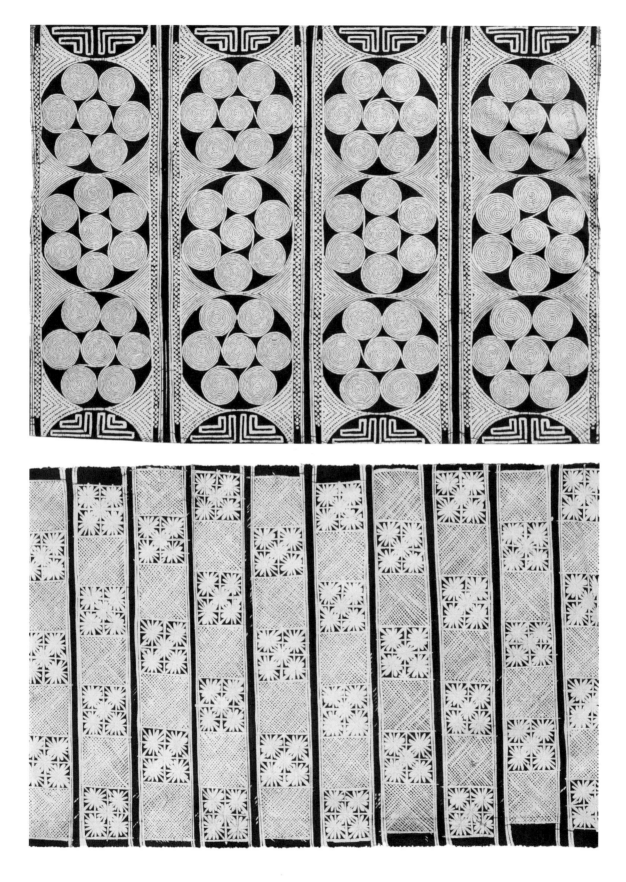

포의족(布依族) 납염(蠟染) 옷소매 장식(상)
주요 문양: 와선(渦旋, 소용돌이)

안순(安順) 진녕(鎭寧)

포의족(布依族) 납염(蠟染) 옷깃 장식(하)
주요 문양: 국화

안순(安順) 진녕(鎭寧)

포의족(布依族) 납염(蠟染) 복장(服裝)
주요 문양: 와선(渦旋, 소용돌이)

안순(安順) 진녕(鎮寧)

묘족(苗族) 납염(蠟染) 의배(衣背)
주요 문양: 꽃, 새

안순(安順)

묘족(苗族) 납염(蠟染) 배선탑(背扇搭)
주요 문양: 석류, 나비

안순(安順)

묘족(苗族) 납염(蠟染) 배선(背扇)
주요 문양: 석류, 나비

안순(安順)

묘족(苗族) 납염(蠟染) 배선탑(背扇搭)
34×31cm
주요 문양: 팔각화(八角花)

검서남(黔西南) 안룡(安龍)

묘족(苗族) 납염(蠟染) 배선(背扇)(상)
주요 문양: 꽃, 나비

안순(安順)

묘족(苗族) 납염(蠟染) 의배탑(衣背搭)(하)
75×41.5cm
주요 문양: 나비

안순(安順)

묘족(苗族) 납염(蠟染) 배선(背扇)
주요 문양: 석류, 물고기

안순(安順)

묘족(苗族) 납염(蠟染) 배선(背扇)
주요 문양: 접련화(蝶戀花)

안순(安順)

묘족(苗族) 납염(蠟染) 배선(背扇)
주요 문양: 꽃, 새, 물고기

안순(安順)

묘족(苗族) 납염(蠟染) 배선(背扇)
주요 문양: 말발굽

안순(安順)

묘족(苗族) 납염(蠟染) 배선(背扇)
주요 문양: 기하형(幾何形)

안순(安順)

묘족(苗族) 납염(蠟染) 배선(背扇)
주요 문양: 꽃, 새, 나비

안순(安順)

묘족(苗族) 납염(蠟染) 배선(背扇)
주요 문양: 팔각화(八角花), 새, 물고기, 나비

안순(安順)

묘족(苗族) 납염(蠟染) 배선(背扇)
주요 문양: 나비, 석류

안순(安順)

묘족(苗族) 납염(蠟染) 배선(背扇)
주요 문양: 나비, 석류

안순(安順)

묘족(苗族) 납염(蠟染) 배선(背扇)
주요 문양: 꽃, 풀

안순(安順)

포의족(布依族) 납염(蠟染) 치마 천
주요 문양: 기하형(幾何形)

안순(安順) 진녕(鎮寧)

묘족(苗族) 납염(蠟染) 옷소매 장식
44.5×33.5cm
주요 문양: 권초(卷草)

안순(安順) 보정(普定)

묘족(苗族) 납염(蠟染) 배선(背扇)
주요 문양: 권초(卷草), 기하형(幾何形)

필절(畢節) 검서(黔西)

묘족(苗族) 납염(蠟染) 배선(背扇)
주요 문양: 기하형(幾何形)

안순(安順)

묘족(苗族) 납염(蠟染) 포편(包片)
주요 문양: 두미화(豆米花)

귀양(貴陽) 개양(開陽)

묘족(苗族) 납염(蠟染) 포편(包片)
주요 문양: 나선(螺旋)

귀양(貴陽) 개양(開陽)

묘족(苗族) 납염(蠟染) 포편(包片)
주요 문양: 동고(銅鼓)

검남(黔南) 귀정(貴定)

묘족(苗族) 납염(蠟染) 배선(背扇)
주요 문양: 옛날 돈

육반수(六盤水) 육지(六枝)

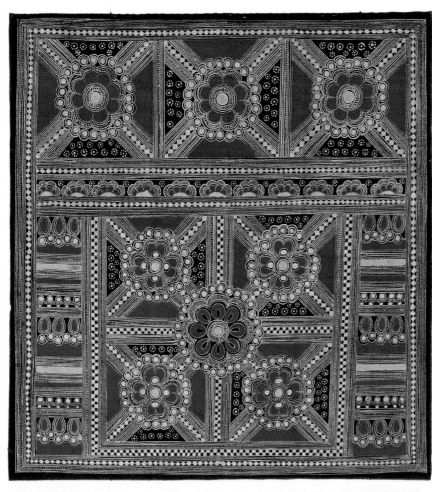

묘족(苗族) 납염(蠟染) 배선(背扇)
주요 문양: 점자화(點子花)

안순(安順)

묘족(苗族) 납염(蠟染) 배선(背扇)
주요 문양: 팔각화(八角花), 나비

안순(安順)

묘족(苗族) 납염(蠟染) 배선(背扇)
주요 문양: 석류꽃

안순(安順)

묘족(苗族) 납염(蠟染) 배선(背扇)
주요 문양: 삼각화(三角花), 나비

안순(安順)

묘족(苗族) 납염(蠟染) 배선(背扇)
주요 문양: 말발굽

안순(安順)

묘족(苗族) 납염(蠟染) 배선(背扇)
주요 문양: 물고기, 나비

안순(安順)

묘족(苗族) 납염(蠟染) 배선(背扇)
주요 문양: 기하형(幾何形)

안순(安順)

묘족(苗族) 납염(蠟染) 배선(背扇)
주요 문양: 물고기, 나비, 팔각화(八角花)

안순(安順)

묘족(苗族) 납염(蠟染) 배선(背扇)
주요 문양: 점자화(點子花)

안순(安順)

묘족(苗族) 납염(蠟染) 배선(背扇)
주요 문양: 기하형(幾何形), 점자화(點子花)

안순(安順)

묘족(苗族) 납염(蠟染) 배선(背扇)
주요 문양: 말발굽

안순(安順)

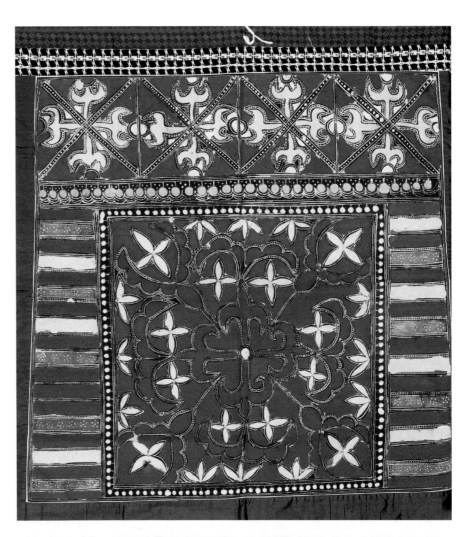

묘족(苗族) 납염(蠟染) 배선(背扇)
주요 문양: 기하형(幾何形)

안순(安順)

묘족(苗族) 납염(蠟染) 배선(背扇)
62×60cm
주요 문양: 꽃, 풀

안순(安順)

묘족(苗族) 납염(蠟染) 배선(背扇)(좌측)
주요 문양: 잔꽃무늬[碎花], 기하형(幾何形)

안순(安順) 관령(關嶺)

묘족(苗族) 납염(蠟染) 배선(背扇)
주요 문양: 기하형(幾何形)

안순(安順)

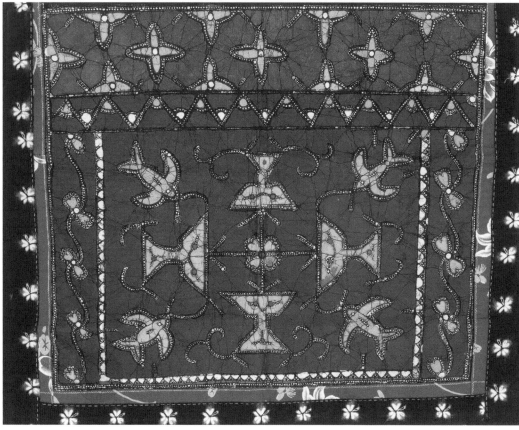

묘족(苗族) 납염(蠟染) 배선(背扇)
주요 문양: 새, 나비

안순(安順)

묘족(苗族) 납염(蠟染) 배선(背扇)
56×53.5cm
주요 문양: 물고기

안순(安順)

묘족(苗族) 납염(蠟染) 배선(背扇)
주요 문양: 나비수염[蝶須]

안순(安順)

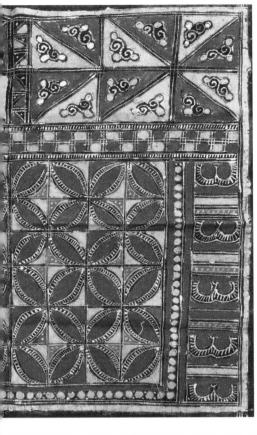

묘족(苗族) 납염(蠟染) 배선(背扇)
주요 문양: 기하형(幾何形), 꽃, 나비, 권초(卷草)

안순(安順)

묘족(苗族) 납염(蠟染) 배선(背扇)
주요 문양: 꽃, 새, 석류, 나비

안순(安順)

묘족(苗族) 납염(蠟染) 배선(背扇)
주요 문양: 꽃, 새, 석류, 나비

안순(安順)

묘족(苗族) 납염(蠟染) 배선(背扇)
주요 문양: 꽃, 새, 석류, 나비

안순(安順)

묘족(苗族) 납염(蠟染) 배선(背扇)
주요 문양: 꽃, 새, 석류, 나비

안순(安順)

묘족(苗族) 납염(蠟染) 배선(背扇)
주요 문양: 꽃, 나비

안순(安順)

묘족(苗族) 납염(蠟染) 배선(背扇)
주요 문양: 꽃, 나비

안순(安順)

묘족(苗族) 납염(蠟染) 배선(背扇)
주요 문양: 물고기, 석류, 복숭아

안순(安順)

묘족(苗族) 납염(蠟染) 배선(背扇)
주요 문양: 나비, 잎사귀

안순(安順)

烏蒙山刑蠟淚

오 ── 몽 ── 산 ── 형 ── 납 ── 염

노생(蘆笙)을 연주하는 오몽산(烏蒙山) 사람들

오몽산 조망(眺望)

풍작(豊作)의 기쁨

수줍어하는 묘가(苗家) 여인

오몽산(烏蒙山)의 교실

집중

묘족(苗族) 납염(蠟染) 두건[頭帕]
주요 문양: 꽃, 권초(卷草)

검남(黔南) 귀정(貴定)

묘족(苗族) 납염(蠟染) 두건[頭帕]
주요 문양: 꽃, 풀, 와선(渦旋, 소용돌이)

검남(黔南) 귀정(貴定)

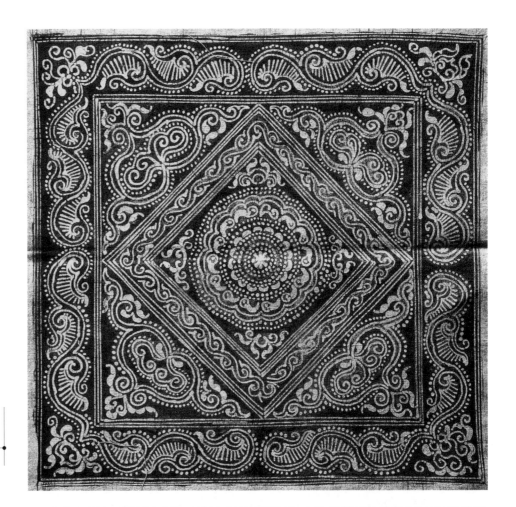

묘족(苗族) 납염(蠟染) 두건[頭帕]
32×31cm
주요 문양: 꽃, 권초(卷草)

검남(黔南) 귀정(貴定)

묘족(苗族) 납염(蠟染) 두건[頭帕]
주요 문양: 꽃, 권초(卷草)

검남(黔南) 귀정(貴定)

묘족(苗族) 납염(蠟染) 두건[頭帕]
34×31cm
주요 문양: 꽃, 풀

검남(黔南) 귀정(貴定)

묘족(苗族) 납염(蠟染) 배선탑(背扇搭)
46.5×31.5cm
주요 문양: 기하형(幾何形), 팔각화(八角花), 풀

검서남(黔西南) 안룡(安龍)

묘족(苗族) 납염(蠟染) 두건[頭帕]
주요 문양: 꽃, 풀

검남(黔南) 귀정(貴定)

묘족(苗族) 납염(蠟染) 두건[頭帕]
주요 문양: 꽃, 풀

검남(黔南) 귀정(貴定)

묘족(苗族) 납염(蠟染) 두건[頭帕]
주요 문양: 꽃, 풀

검남(黔南) 귀정(貴定)

묘족(苗族) 납염(蠟染) 배선탑(背扇搭)
41×31cm
주요 문양: 꽃, 풀

검서남(黔西南) 안룡(安龍)

묘족(苗族) 납염(蠟染) 의배(衣背)(부분)
주요 문양: 기하형(幾何形) 잔꽃무늬[碎花]

육반수(六盤水) 육지(六枝)

묘족(苗族) 납판(蠟版) 배선(背扇)(부분)
주요 문양: 잔꽃무늬[碎花]

필절(畢節) 직금(織金)

• 329 •

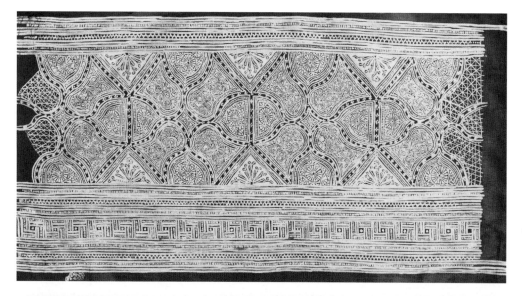

묘족(苗族) 납염(蠟染) 옷소매 장식
주요 문양: 잔꽃무늬[碎花]

필절(畢節) 직금(織金)

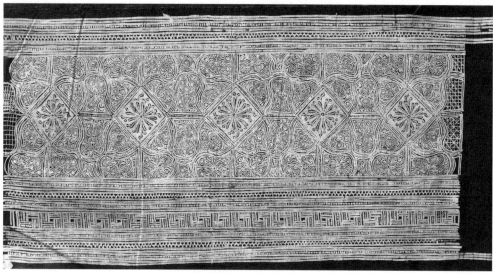

묘족(苗族) 납염(蠟染) 옷소매 장식
주요 문양: 잔꽃무늬[碎花]

필절(畢節) 직금(織金)

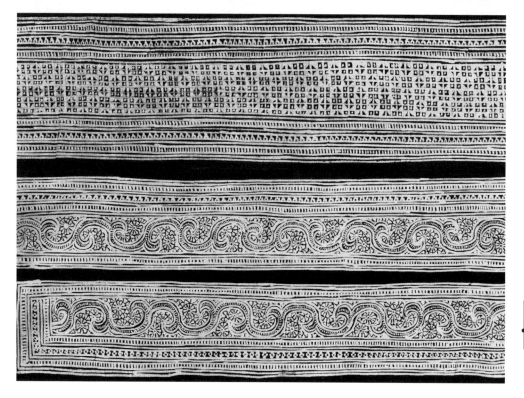

묘족(苗族) 납염(蠟染) 치맛단[裙邊]
주요 문양: 잔꽃무늬[碎花]

필절(畢節) 직금(織金)

묘족(苗族) 납염(蠟染) 두건[頭帕]
주요 문양: 꽃, 풀

안순(安順) 보정(普定)

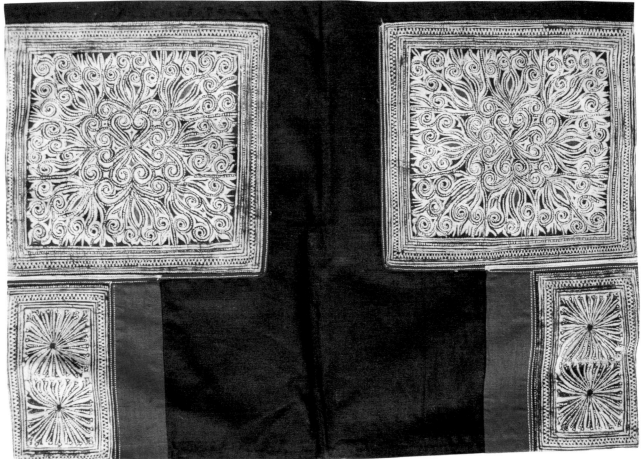

묘족(苗族) 납염(蠟染) 앞치마[圍腰]
주요 문양: 맨드라미[鷄冠花]

필절(畢節) 직금(織金)

요족(瑤族) 납염(蠟染) 치마 수건[裙帕]
53.5×40cm
주요 문양: 기하형(幾何形)

검남(黔南) 독산(獨山)

묘족(苗族) 납염(蠟染) 앞치마[圍腰]
주요 문양: 잔꽃무늬[碎花]

필절(畢節) 직금(織金)

묘족(苗族) 납염(蠟染) 앞치마[圍腰]
주요 문양: 잔꽃무늬[碎花]

안순(安順) 보정(普定)

묘족(苗族) 납염(蠟染) 배선(背扇)(부분, 상)
주요 문양: 잔꽃무늬[碎花]

필절(畢節) 직금(織金)

묘족(苗族) 납염(蠟染) 배선(背扇)(부분, 하)
주요 문양: 잔꽃무늬[碎花]

필절(畢節) 직금(織金)

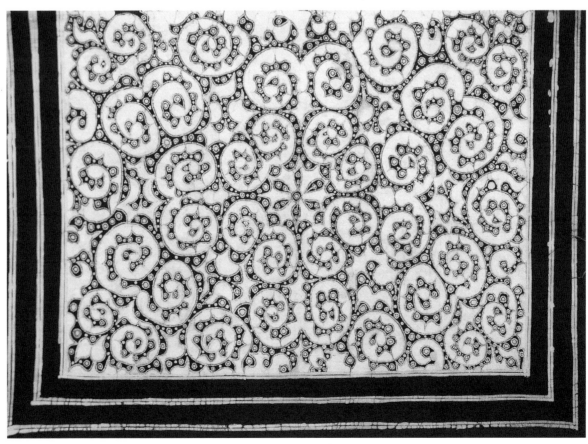

묘족(苗族) 납염(蠟染) 옷소매 장식
39×23cm
주요 문양: 잔꽃무늬[碎花]

필절(畢節) 직금(織金)

묘족(苗族) 납염(蠟染) 옷소매 장식
81×33cm
주요 문양: 꽃, 풀

육반수(六盤水) 육지(六枝)

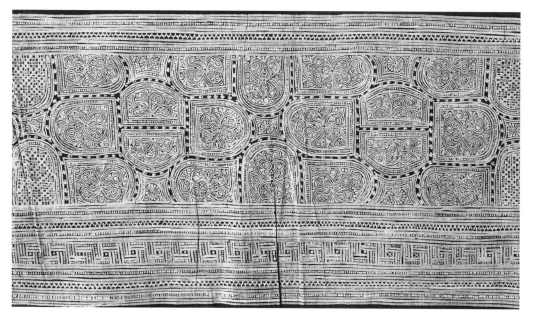

묘족(苗族) 납염(蠟染) 옷소매 장식
88×21cm
주요 문양: 기하형(幾何形),
        잔꽃무늬[碎花]

필절(畢節) 직금(織金)

묘족(苗族) 납염(蠟染) 아기 침받이(口水兜)
주요 문양: 꽃, 풀

필절(畢節) 납옹(納雍)

묘족(苗族) 납염(蠟染) 치마 허리끈[裙腰](상)
주요 문양: 기하형(幾何形), 권초(卷草)

필절(畢節) 직금(織金)

묘족(苗族) 납염(蠟染) 앞치마[圍腰](부분, 하)
주요 문양: 은구화(銀鉤花)

필절(畢節) 직금(織金)

묘족(苗族) 납염(蠟染) 배선(背扇) 장식
주요 문양: 잔꽃무늬[碎花]

필절(畢節) 직금(織金)

묘족(苗族) 납염(蠟染) 배선(背扇) 장식
주요 문양: 잔꽃무늬[碎花]

필절(畢節) 직금(織金)

묘족(苗族) 납염(蠟染) 배선(背扇) 장식
55×33.5cm
주요 문양: 잔꽃무늬[碎花]

필절(畢節) 직금(織金)

묘족(苗族) 납염(蠟染) 의배(衣背)(상)
주요 문양: 기하형(幾何形) 잔꽃무늬[碎花], 옛날 돈

육반수(六盤水) 육지(六枝)

묘족(苗族) 납염(蠟染) 배선(背扇)(부분, 하)
주요 문양: 기하형(幾何形) 잔꽃무늬[碎花], 옛날 돈

필절(畢節) 직금(織金)

묘족(苗族) 납염(蠟染) 배선(背扇)
주요 문양: 기하형(幾何形) 잔꽃무늬[碎花]

필절(畢節) 직금(織金)

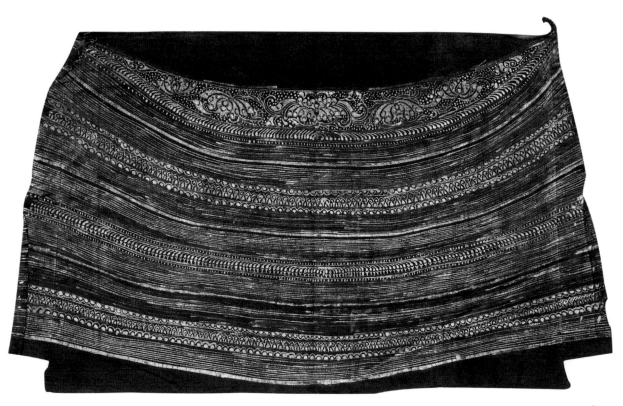

묘족(苗族) 납염(蠟染) 의각화(衣脚花)
60.5×28.5cm
주요 문양: 기하형(幾何形), 잔꽃무늬[碎花]

육반수(六盤水) 육지(六枝)

묘족(苗族) 납염(蠟染) 배선(背扇)
주요 문양: 맨드라미[鷄冠花], 잔꽃무늬[碎花]

안순(安順) 보정(普定)

묘족(苗族) 납염(蠟染) 배선심(背扇心)
주요 문양: 은구화(銀鉤花), 기하형(幾何形)

필절(畢節) 직금(織金)

묘족(苗族) 납염(蠟染) 배선(背扇)
주요 문양: 기하형(幾何形)

필절(畢節) 대방(大方)

묘족(苗族) 납염(蠟染) 배선(背扇)
주요 문양: 기하형(幾何形) 잔꽃무늬[碎花]

필절(畢節) 직금(織金)

묘족(苗族) 납염(蠟染) 배선(背扇)
주요 문양: 포선화(蒲扇花), 기하형(幾何形) 잔꽃무늬[碎花]

필절(畢節) 직금(織金)

묘족(苗族) 납염(蠟染) 배선(背扇)
주요 문양: 맨드라미[鷄冠花], 은구화(銀鉤花), 기하형(幾何形)

안순(安順) 보정(普定)

묘족(苗族) 납염(蠟染) 배선(背扇)
64×57cm
주요 문양: 은구화(銀鉤花), 기하형(幾何形)

안순(安順) 보정(普定)

묘족(苗族) 납염(蠟染) 배선(背扇)(우측)
68×51cm
주요 문양: 은구화(銀鉤花), 맨드라미[鷄冠花], 기하형(幾何形)

안순(安順) 보정(普定)

묘족(苗族) 납염(蠟染) 배선(背扇)
주요 문양: 나비수염[蝶須], 구등(勾藤), 기하형(幾何形)

필절(畢節) 검서(黔西)

묘족(苗族) 납염(蠟染) 배선(背扇)
주요 문양: 나비수염[蝶須], 구등(勾藤), 기하형(幾何形)

필절(畢節) 검서(黔西)

묘족(苗族) 납염(蠟染) 배선(背扇)
주요 문양: 나비수염[蝶須], 구등(勾藤), 기하형(幾何形)

필절(畢節) 검서(黔西)

묘족(苗族) 납염(蠟染) 배선(背扇)
주요 문양: 나비

필절(畢節) 납옹(納雍)

묘족(苗族) 납염(蠟染) 배선(背扇)(부분)
주요 문양: 나비 날개[蝶翅]

필절(畢節) 직금(織金)

묘족(苗族) 납염(蠟染) 스카프[方巾](부분)
주요 문양: 나선(螺旋)

귀양(貴陽) 개양(開陽)

묘족(苗族) 납염(蠟染) 배선(背扇)
주요 문양: 나비수염[蝶須], 권초(卷草)

필절(畢節) 검서(黔西)

묘족(苗族) 납염(蠟染) 배선(背扇)
주요 문양: 기하형(幾何形), 권초(卷草)

필절(畢節) 납옹(納雍)

묘족(苗族) 납염(蠟染) 배선(背扇)
주요 문양: 기하형(幾何形), 권초(卷草)

필절(畢節) 납옹(納雍)

묘족(苗族) 납염(蠟染) 배선(背扇)
주요 문양: 해바라기, 기하형(幾何形) 잔꽃무늬[碎花]

필절(畢節) 검서(黔西)

묘족(苗族) 납염(蠟染) 배선(背扇)
주요 문양: 기하형(幾何形), 권초(卷草)

필절(畢節) 검서(黔西)

묘족(苗族) 납염(蠟染) 배선(背扇)
주요 문양: 기하형(幾何形), 권초(卷草)

필절(畢節) 검서(黔西)

후기

『중국귀주민족민간미술전집(中國貴州民族民間美術全集)』은 제목을 선정할 때부터 귀주 신문출판국과 각계각층 인사들의 지지를 받았다. 비록 오래되지는 않았지만, 아직까지 출판이 중단된 적은 없다. 근래 사회 전체에 대두된 무형 문화유산을 중시하는 경향을 결코 경시해서는 안 된다. 6, 7년 동안 수많은 자료를 수집하고 정리하면서 어려움이 많았지만, 고군분투한 덕분에 지금 이렇게 독자들에게 이 책을 선보일 수 있게 되었다.

2006년 3월, 중앙인민정부는 웹사이트를 통해 제1차 국가 무형 문화유산 목록을 발표하였으며 그중 31개의 항목을 귀주의 문화유산이 차지하였다. 이 책에서는 그중 조형예술의 일부분을 반영하여 소개하였다. 이 책을 편집할 때를 회상해 보면, 당시에는 마치 귀주민족의 민간미술 세계를 한가로이 거니는 기분이 들 정도였다. 장정(張汀) 선생은 "이런 섬세한 아름다움은 어떠한 미의 척도를 갖다 대어도 트집을 잡을 수 없을 정도이다"라고 감탄하며 말했다. 하지만 우리는 귀주민족 민간미술에 대해 우려하는 마음이 생기게 되었다. 오늘날에는 개혁개방과 주류문화가 충돌하고 시장경제가 빠른 추세로 발전하고 있다. 이런 상황하에서 수많은 민간예술품이 국내외 수집가들과 기관에 의해 고가로 매입되고 있다. 심지어 외진 지역으로 간다고 해도 예술적 가치가 있는 우수한 공예품을 구하기가 어려울 정도이다. 민간공예 장인들은 점점 나이가 들어가고, 농촌의 젊은이들도 생활방식이 변해서 전통공예 기술이나 도식(圖式)의 계승이 사라져 가고 있다. 현재 민간공예품 시장은 이윤을 남기기에 급급해서, 조잡하고 상상력이라고는 조금도 없는 모조품을 만들어 낼 뿐이다. 현재 민간공예품을 전문적으로 수집하고 연구하는 부서는 소장품을 확충하고 완벽하게 갖출 만한 자금이 부족하다. 소장된 공예품들도 내실 깊숙한 곳에 감춰두고 전시하지 않아서, 대중들은 이것을 감상하고 연구할 방법이 없다. 민간공예품을 연구하는 연구원들조차도 나이가 들면서, 이것을 계승할 사람이 점차 사라져 가고 있다. 현재 민간예술을 즐기는 일부 젊은이들은 소량의 작품만을 감상할 수 있을 뿐, 곳곳에 분산된 수많은 작품을 볼 수 없어 민간공예품의 예술성에 대해 깊이 연구할 수가 없다.

우리는 『중국귀주민족민간미술전집』을 혼신의 힘을 다해 편집하면서, 이 전집이 반드시 완성되기를 바랐다.

이 도록(圖錄) 속에 가능한 한 많은 작품을 싣고자 노력했다. 또한, 지역성과 민족적 특색을 명확하게 잘 반영하였고, 작품의 원형과 순수 민간의 예술적 특징을 잘 나타내고 있다. 이 책에는 전통적이고 고전적인 공예기법을 더 많이 기록하였고, 예술적 가치가 있는 자료를 더 많이 보여주고 있다. 다만, 도록에 실을 수 있는 내용에 한계가 있어서 그것이 아쉬울 뿐이다. 하지만 우리는 이 도록을 통해 귀주민족 민간미술을 가장 완벽하게 구현해 내었다.

『중국귀주민족민간미술전집』의 성공적인 출판은 수년간 다방면을 통해 얻은 노력의 결실이라 할 수 있다. 이 지면을 통해 귀주성 미술협회, 귀주성 예술관, 귀주성 박물관과 개인 수집가분들의 도움에 감사의 뜻을 표하고자 한다. 또한, 중국 공예미술의 대선배이신 장정(張仃) 선생과 청화(淸華)대학 미술대학원 추문(鄒文) 박사에게도 감사의 마음을 전하고 싶다. 이뿐만 아니라, 귀주성과 관련된 인사이신 양장괴(楊長槐), 마정영(馬正榮), 증헌양(曾憲陽), 유옹(劉雍), 진화(陳華), 황정철(黃正鐵), 당근산(唐根山), 이검빈(李黔賓), 이국경(李國慶), 오일방(嗚一芳), 이앙(李昻), 이옥휘(李玉輝), 증상훤(曾祥萱) 등 여러분들의 도움에도 깊이 감사를 드린다.

귀주성 신문출판국과 귀주출판그룹의 대표와 각 부서는 시종일관 이 책의 출판을 위해 정신적, 금전적으로 도움을 주었다. 이 책을 출판하면서 독자들과 함께 감사의 마음을 이곳에서 표한다.

옮긴이 **임화영**(林花英)

　　중국어 번역 전문 프리랜서로 중국 북경제2외대 중문학과 학위과정과 천진(天津)사범대 중국어 지도사과정을 수료하였다. 중국어 강사를 양성하기 위한 교육 전문가로 활동하였고, 이외에도 중국어 학원과 다수의 기업체에서 중국어 강의를 한 경력이 있다. 현재는 중국어 학습에 관련된 교재 기획과 집필에 매진하고 있다. 주요 역서로는 『실크로드 대장정』, 『펜으로 그린 베이징』, 중국귀주민족민간미술전집 시리즈인 『납염』과 『은식』 등 다수가 있다.